PASSER SA RETRAITE AU PORTUGAL

VIVRE PAISIBLEMENT SA RETRAITE AU PORTUGAL

Le Régime de Résident Non Habituel (RNH) au Portugal, en vigueur depuis 2009, tire sa révérence après 14 ans de mise en œuvre. Cette décision a été annoncée par le Premier ministre portugais, António Costa, lors d'une interview à la chaîne de télévision CNN Portugal. La fin du RNH marque un tournant significatif dans la politique fiscale du pays et suscite des réactions variées.

Les origines du Régime de Résident Non Habituel

Le RNH a été introduit en 2009 dans le but de stimuler l'attraction de professionnels qualifiés non résidents au Portugal, en particulier dans les secteurs à forte valeur ajoutée tels que la propriété intellectuelle, l'industrie et le savoir-faire. Le régime a également bénéficié aux retraités étrangers, qui pouvaient s'installer au Portugal sans payer d'impôt sur le revenu (IRS) sur leurs pensions, que ce soit au Portugal ou dans leur pays d'origine.

Au fil des ans, le RNH est devenu de plus en plus populaire auprès d'un large éventail de professionnels étrangers, allant des travailleurs indépendants aux retraités. L'attrait de vivre au Portugal, avec son climat agréable, son coût de la vie abordable et ses paysages magnifiques, a fait de ce pays une destination de choix pour de nombreux étrangers.

Puis sous la pression du Bloco de Esquerda, le gouvernement de Monsieur Costa à procéder à une premier réforme en 2019 du statut, en commençant par les retraités, qui voit pour la première fois leur pension de retraite imposé à hauteur de 10%, alors qu'avant cette même pension de retraite était exonéré de tout impôt. Puis dans la foulé, une mise à jour de la liste des activités à haute valeur ajouté est faite, afin d'être plus en adéquation avec les besoins économique du pays.

Cependant, la popularité croissante du RNH a également suscité des préoccupations. Le Premier ministre António Costa a déclaré lors de son interview que "maintenir une imposition pour les résidents non habituels n'a plus de sens". Il a qualifié le RNH d'injustice fiscale et a souligné que cela contribuait à l'inflation du marché immobilier.

La fin du RNH intervient à un moment où le gouvernement portugais cherche à réformer son système fiscal pour le rendre plus équitable et à répondre aux préoccupations concernant la flambée des prix de l'immobilier dans certaines régions du pays, notamment à Lisbonne et à Porto.

Les conséquences pour les bénéficiaires du RNH

Les bénéficiaires actuels du RNH ne seront pas directement affectés par la fin du régime. Ceux qui ont déjà obtenu des avantages fiscaux en vertu du RNH continueront de les bénéficier jusqu'à la fin de la période initiale de dix ans. Cependant, les nouveaux demandeurs ne pourront plus prétendre aux avantages fiscaux accordés par le RNH.

La décision de mettre fin au RNH a suscité des réactions mitigées au Portugal et parmi la communauté internationale des expatriés. Certains saluent la fin de ce régime fiscal perçu comme favorable aux étrangers, argüant que cela contribuera à une répartition plus équitable de la charge fiscale au Portugal. D'autres, en revanche, craignent que cela ne décourage les investisseurs étrangers et les retraités de s'installer au Portugal, ce qui pourrait avoir un impact sur l'économie et le marché immobilier. Un point que personnellement je partage, le RNH a été le moyen fiscal qui à permit au pays de retrouvé un second souffle après la crise des subprimes de 2007, ou pour le mémoire le pays était sous la tutelle de la troïka, pour les septique, le statut de résident non habituel, tout comme le Golden Visa, a permis au "gros" investisseur étranger de relancer l'économie du pays, il a également incité les Nomad Digital à venir poser leur valise ici qui serait surement allé en Espagne ou en Italie, ou la fiscalité est très intéressante également. Seule le temps nous dira comment cette décision aura affecté l'économie, le marché immobilier.

LE
PORTUGAL

Le Portugal

À ce jour, environ 41 000 Français se sont déjà expatriés au Portugal, pour vivre une après-carrière professionnelle ou poursuivre leur activité professionnelle, ou pour vivre tout simplement une nouvelle vie dans de meilleure condition.

Contrairement à ce que beaucoup pense, une expatriation n'est pas un simple déménagement, bien au contraire. Cela se prépare sur plusieurs mois, voir plusieurs années. Chaque expatriation est différemment en fonction du but recherché, de son âge et de sa situation personnelle, financière et familiale.

Il y a aussi des conséquences fiscales et sociales qui doivent IMPÉRATIVEMENT être prises en compte, car votre choix peut être permanent ou temporaire. Il faut donc parfaitement analyser les conséquences de cette décision et bien l'anticiper en la préparant avec les appuis adéquats si vous en éprouvez le besoin.

Le Portugal offre une étonnante diversité de paysages au vu de sa petite taille (6 fois plus petit que la France). Montagneuse au Nord et plat au Sud, l'intérieur du pays est très différent du littoral. C'est cette énorme et étonnante variété de paysages qui fait son charme et son originalité.

Membre de l'Union européenne depuis plus de 26 ans, il fait partie du système monétaire européen et utilise la monnaie unique européenne (l'euro). Selon la Banque mondiale, le Portugal est la 43e plus grande économie du monde, avec l'un des meilleurs taux de croissance du PIB des 40 dernières années, parmi les pays de l'OCDE.

Le Portugal est également le 17e pays le plus pacifique du monde, sur un échantillon de 153 pays (Global Peace Index 2011), et il occupe la 32e place parmi 182 pays classés par l'organisation Transparency internationale (Indice de perception de la corruption 2011).

Le Régime juridique des RNH a été créé en 2009 par le décret-loi n ° 249/2009 du 14 septembre, cependant, au vu de sa complexité, le gouvernement à clarifié la situation en publie la circulaire n ° 9/2012 du 3 août 2012 qui à donner naissance au statut de Régime fiscal des Résidents non habituels.

Ce régime fiscal permet aux retraités de bénéficier davantage fiscal compétitif par exemple une imposition à taux 10 % sur les pensions de retraite du secteur privé perçu à l'étranger. Il permet également à certaines catégories d'actifs de bénéficier d'un taux d'imposition réduit à 20 %.

Pour profiter de ces avantages fiscaux pour une durée de 10 ans, les ressortissants étrangers doivent avant tout devenir résidents fiscaux portugais et attester de 185 jours de présence sur le territoire portugais.

Bien choisir son lieu de vie.

La première des conditions, pour que votre expatriation soit une véritable réussite, soit le choix du lieu où vous vivrez au quotidien. Celui où vous prendrez des habitudes, où vous tisserez des relations, etc.

Vous ne savez pas encore dans quelle région, ville, village choisir ? Dans cette partie de notre guide, nous allons vous aider à bien choisir votre lieu de résidence en fonction de vos envies et de vos moyens.

Dans cette partie de notre guide, nous allons vous parler des 4 grandes zones du Portugal.

À savoir :
· Porto et le nord du Portugal
· Le centre du Portugal
· Lisbonne
· L'Algarve

Les 7 régions où vous pouvez passer votre retraite

Porto et le nord du Portugal

C'est dans cette région que le Portugal est né (1139) avec la création du « Royaume du Portugal » par D. Afonso Henriques. C'est la région la plus peuplée du Portugal (3,7 millions d'habitants).

Le nord du Portugal est une région montagneuse avec plusieurs parcs naturels et un parc national (le seul du pays). Vous aurez aussi le droit à une côte atlantique avec plus de 100 km de belles plages.

Les principales villes sont : Porto (2e ville du Portugal) Braga, Viana do Castelo, Vila Real et Bragança.

Atouts de la région

- Plusieurs types de paysages à quelques kilomètres de distance (montagne, plages, Douro)
- Une région très authentique

- Excellentes infrastructures routières (plusieurs autoroutes, et routes nationales bien entretenues), ferroviaires (surtout sur la côte, en passant par Braga, Guimarães et le Douro)
- Aéroport de Porto

Inconvénients de la région

- Mois de juillet et août surchargé de touristes et de portugais qui reviennent au pays (la majorité des immigrés sont originaires de cette région)
- L'eau froide des belles plages

NOS CONSEILS : que vous souhaitiez vivre face à la mer, à la montagne, ou bien encore en ville, nous vous conseillons fortement de choisir un lieu situé à environs à 1 h de l'aéroport de Porto. Ce qui vous permettra de prendre rapidement un avion pour visiter votre famille en France ou en Belgique.

Dans le cas où vous ne souhaitiez pas vivre en pleine ville, nous vous conseillons de rester dans une zone d'environs 30 kms d'une grande ville (Porto, Braga, Viana do Castelo,...). De manière à pouvoir conserver un accès à tous les services nécessaires à votre quotidien (médecins, hôpitaux, centres commerciaux, culturels...).

Le centre du Portugal

Le Centre du Portugal ressemble de très près au nord du pays, sur le littoral, vous trouverez plus de 290 km de belles plages et à l'intérieur, vous trouverez plusieurs parcs naturels, dont le plus important est la **Serra da Estrela**.

Les principales villes sont : Aveiro, Viseu, Guarda, Coimbra, Castelo Branco, Leiria et Santarém

Atouts de la région

- Coimbra rassemble les plus grandes universités du pays
- Plusieurs types de paysages à quelques kilomètres de distance (montagne, plages)
- Une région très authentique
- Excellentes infrastructures routières (plusieurs autoroutes) et ferroviaires

Inconvénients de la région

- L'intérieur de cette région est un peu abandonné
- L'eau froide des belles plages

NOS CONSEILS : Si vous décidez de passer votre retraite dans le Centre du Portugal, nous ne pouvons que vous conseiller de choisir un endroit proche du littoral. Par exemple la région d'Aveiro (55 min de l'aéroport de Porto) ou bien encore la région de Leiria (1 h 20 de l'aéroport de Lisbonne).

Là encore si vous ne souhaitez pas vivre en ville, choisissez un endroit proche (maximum 30 km) d'une grande ville (Aveiro, Coimbra, Leiria, …), pour avoir accès à tous les services nécessaires au quotidien : médecins, hôpitaux, centres commerciaux, culture…).

Lisbonne

La région de Lisbonne est la deuxième région la plus peuplée du Portugal (2,8 millions, soit 26,7 % de la population portugaise), en occupant que 3 % du territoire portugais.

Dans cette région, vous y trouverez la capitale du Portugal (Lisbonne), accompagné de ses 150 km de magnifiques plages, plusieurs parcs naturels et des villes avec un patrimoine inscrit à l'UNESCO.

Les principales villes sont : Lisbonne et Setúbal

Atouts de la région

- Une offre culturelle très riche
- Plusieurs types de paysages à quelques kilomètres de distance (parcs naturels, plages)
- Une région très dynamique
- Excellentes infrastructures routières (plusieurs autoroutes, et routes nationales bien entretenues) ferroviaires et l'aéroport de Lisbonne

Inconvénients de la région

- Une région très touristique
- L'eau froide des belles plages
- Coût de la vie plus cher que dans le nord du Portugal

NOS CONSEILS : Que vous souhaitiez vivre face à la mer, à la montagne, ou même en ville, nous vous conseillons de choisir un endroit à 1 h de l'aéroport de Lisbonne, ce qui va vous permettre de prendre rapidement un avion pour visiter votre famille en France ou en Belgique.

Si vous ne souhaitez pas vivre en ville, choisissez un endroit proche (maximum 30 km) d'une grande ville (Lisbonne, Setúbal, etc.), pour avoir accès à tous les services nécessaires au quotidien : médecins, hôpitaux, centres commerciaux, culture).

Algarve

L'Algarve est la région la plus touristique du Portugal et aussi la plus prisée par les retraités francophones. Grâce à ses sublimes plages et son patrimoine historique. C'est une des plus petites régions du pays, mais elle fait partie des 3 plus riches avec Lisbonne et la Madère, en grande partie grâce au tourisme.

La principale ville est : Faro

atouts de la région

- Plusieurs types de paysages à quelques kilomètres de distance (parcs naturels, plages)
- Une région très dynamique
- Excellentes infrastructures routières (2 autoroutes), ferroviaires et l'aéroport de Faro
- Tous les services nécessaires de la vie courante à portée de main
- Températures clémentes en hiver et chaudes en été

Inconvénients de la région

- Une région très touristique
- Coût de la vie plus chère que dans le reste du Portugal

NOS CONSEILS : Que vous souhaitiez vivre face à la mer, où en ville, nous vous conseillons de choisir un endroit à 1 h de l'aéroport de Faro.

Chacune de ces zones à ses avantages et ses inconvénients. Le premier conseil que nous pouvons vous donner est de prendre le temps de découvrir ces différents lieux. Lors de différents séjours au

Portugal. Nous vous invitons grandement à séjourner lors de vos voyages dans des locations saisonnières (booking, Airbnb) et surtout de vivre de manière locale. Comprenez par là qu'il est important que vous viviez comme vous le faites actuellement dans votre pays de résidence fiscale.

NOTE: _____

_____

_____

_____

_____

_____

_____

_____

_____

_____

_____

_____

_____

_____

_____

_____

_____

_____

_____

Le coût de la vie au Portugal

Si vous songez à passer une paisible retraite au Portugal, vous serez heureux d'apprendre que le Portugal fait partie des destinations les moins chères en Europe. Le Portugal offre un excellent niveau de vie, en règle générale, vous pouvez y vivre tout à fait correctement avec un peu plus de 1500,00 euros de retraite par mois.

Il est important de dire, que le coût de la vie au Portugal à évolué depuis 3 voir 4 ans. Le pays dont la destination touristique très orientée low cost est une des plus à la mode depuis environ 5 ans présente encore des coûts d'immobilier, d'alimentation et de transports inférieurs par rapport à certains de nos voisins européens.

À titre de point de comparaison, vous trouverez ci-dessous le salaire moyen (valeur brute) et le SMIC portugais comparé à celui de la France.

- Salaire moyen au Portugal : 1400 euros
- Salaire moyen en France : 2300 euros
- SMIC Portugal : 690,5 euros
- SMIC France : 1231 euros

Cependant, il existe une réelle différence entre l'intérieur du pays et les grandes villes portugaises ou même encore la côte littorale. Le coût de la vie à Lisbonne et à Porto, est comme en France bien plus élevé que celui d'une ville comme Canedo situé dans les terres. C'est exactement la même chose pour en Algarve, où les prix explosent, cela étant dû uniquement au fait que cette région vit en grande majorité du tourisme.

L'alimentation

Il y a encore 5 voir 7 ans le coût de l'alimentation était réellement en dessous de celui de la France et il était très facile de remplir son cadi de cours (viande, poisson, légume …) pour moi de 100 euros. Aujourd'hui, c'est impossible, il est vrai que le prix de la viande, du poisson et des légumes reste bien en dessous de celui de la France, mais il en est autrement pour ce qui est des produits de première nécessité comme le lait et l'eau et également les fruits.

Transport

Concernant le réseau routier, celui-ci a été grandement amélioré ces dernières années, avec pas moins de 3000 kms d'autoroute. Pour ce qui est du réseau secondaire, c'est une autre histoire. Les routes restent relativement en mauvais état et sont la plupart du temps très mal entretenu. Mais avec un carburant qui est assez taxé (à peu près le même prix qu'en France). Depuis le début de l'année 2021, le coût du carburant monté en flèche faisant du Portugal l'un des pays pratiquants des prix très élevés d'Europe.

À titre indicatif, le ci-dessous le prix du carburant fin d'année 2022.
- Gasoil: 1,689 du litre
- Essence: 2,183 du litre

À titre de comparaison, les transports publics sont eux, bon marché. Un laissez-passer mensuel à Lisbonne ou à Porto coûte seulement 36 euros/mois à comparer le même service à Paris coûte 75,00 euros. Attention toute fois, si vous vous installer en milieu rural, les services de transport seront moins présent.

Les divertissements

Aller au cinéma, voir une exposition ou même visiter une galerie d'art n'est pas synonyme de grandes dépenses. Un ticket de cinéma coûte environ 8 €, l'opérateur NOS propose même à travers leur abonnement TV/NET une place de cinéma gratuite par mois. L'abonnement à une saison dans le parterre à l'opéra de São Carlos est à 327 €. Les spectateurs les plus à l'affût trouveront de nombreux évènements organisés par de grandes marques ou par des collectivités locales, qui sont ouverts au public et gratuite.

Il en est de même pour les restaurants, où vous trouverez très facilement des restaurants typiques qui pratiquent des prix très abordables et offrent une cuisine familiale de qualité (6 euros le repas, soupe, plat chaud, café et boisson) . Il existe également des restaurants de type brasserie ou autre pratiquant des prix semblables à ceux de la France.

Le Portugal pratique un taux de TVA de 23 %, ce qui rend les produits technologiques (TV, ordinateur, téléphone…) plus chers quand France. Il en est de même pour concernant l'automobile, le pays protège son marché intérieur et applique des taxes d'importations très élevées, ce qui génère un prix de vente à modèle égal d'environs 30 % plus chers quand France ou en Belgique.

Comment et/ou apprendre le portugais

Toujours dans l'objectif que votre nouvelle vie de retraité au Portugal se passe dans les meilleures conditions, il est important que vous puissiez maîtriser le portugais. Même la plupart des Portugais parlent le français de façon courante ou approximative, il est très important que vous appreniez à parler le portugais. Cette maîtrise de la langue vous permettra une meilleure intégration dans le pays.

Si vous décidez de sauter cette étape, vous allez vous heurter à de gros problème de communication avec les différentes administrations du pays. N'oubliez pas une chose, si les Portugais font l'effort de vous comprendre quand vous venez passer vos vacances au Portugal, les choses chances du moment que vous vivez.

Pour ceux qui arrivent au Portugal, le premier contact avec la langue peut être un peu effrayant. Après tout, ce n'est pas un hasard si le portugais est considéré comme une langue difficile à maîtriser.

Cours de portugais pour étrangers

Avec le temps, le portugais deviendra familier et de plus en plus facile à comprendre et à parler.

Un cours de portugais pour étrangers peut être un bon moyen d'apprendre rapidement cette langue. Les offres sont variées, avec des coûts et une durée adaptés aux objectifs de chacun.
Découvrez des cours de portugais pour étrangers, dispensés toute l'année ou uniquement à certaines périodes.

Cours de Portugaises en écoles de langues

- **ALLIANCE FRANÇAISE**
  Cours de portugais pour étrangers. Cours individuels ou en groupe. Formation pour les entreprises.

- **CAMBRIDGE SCHOOL**
  Cours de portugais du certificat initial jusqu'au diplôme universitaire de portugais, langue étrangère. Cours individuels ou en petit groupe.
- **LUSA LANGUAGE SCHOOL**
  Cours de portugais intensif ou à mi-temps. Cours en ligne, cours de conversation en groupe et cours particuliers.

Cours de portugais à l'Université

- **UNIVERSIDADE DE LISBOA**
  Cours annuel et classe d'été de portugais pour les étrangers.
- **UNIVERSIDADE NOVA DE LISBOA**
  Classe d'été de langue et culture portugaise.
- **UNIVERSIDADE DO PORTO**
  Cours annuel et classe d'été de portugais, langue étrangère.

Apprendre en ligne

- **CIBERESCOLA DA LÍNGUA PORTUGUESA**
  Cours en ligne et en vidéoconférence.
- **EASY PORTUGUESE**
  Cours en ligne de niveau basique – conversations et grammaire de tous les jours.
- **MY LANGUAGE EXCHANGE**
  Correspondances avec des portugais et cours de conversations en ligne.
- **BABBEL**
  Babbel est un système d'apprentissage des langues en ligne.

D'autres façons d'apprendre le portugais

Si vous n'avez ni le temps ni la patience de vous consacrer à l'apprentissage formel de la langue portugaise, faites preuve d'imagination. Il existe plusieurs façons d'apprendre à parler portugais, mais vous devrez être persévérant. Petit à petit, la langue semblera de plus en plus facile. D'abord, il vous sera possible de comprendre ce que l'on vous dit et, bientôt, vous pourrez vous faire comprendre. Profitez de ces suggestions et amusez-vous !

- Lisez des magazines et des journaux portugais, avec Google Translate à portée de main pour noter les expressions;
- Regardez des émissions télévisées en portugais pour vous habituer au son des mots et découvrir
- Allez faire du shopping et faites attention aux noms des produits;
- Inscrivez-vous à un sport d'équipe, idéal pour une conversation plus informelle;
- Utilisez toutes les occasions de pratiquer le portugais en vous inscrivant à des activités proches de chez vous;
- Écoutez de la musique portugaise, recherchez les paroles et essayez de traduire.

Les écoles de langues gratuites

Le gouvernement portugais a mis en un programme à pour les étrangers leur permettant de bénéficier de cours de portugais gratuitement. Les cours sont donnés dans les écoles publiques et les centres de formation professionnelle. Pour bénéficier de ces cours, il vous faut être détenteur d'un certificat de résident européen.

VOS
OBLIGATIONS
ADMINISTRATIVE

Vos obligations administratives

Avant de quitter votre pays et de procéder à votre demande de statut de résident non habituel, vous devez vous acquitter de certaines démarches obligatoires.

Dans un premier temps, vous devrez avertir votre centre des impôts de votre changement d'adresse fiscal par l'intermédiaire d'un **courrier recommander avec AR**. À compter du jour où votre centre des finances réceptionne votre courrier, vous serez rattaché au Service des impôts des particuliers Non-résidents. Vous devrez dorénavant vous adresser directement à ce service.

Du moment que vous changez de résidence fiscale, la loi vous impose de changer également votre compte bancaire, celui-ci doit être converti en compte de non-résident. Nous attirons également votre attention sur le faîte que juridiquement rien ne vous empêche de conserver plusieurs comptes bancaires de non-résident. Attention toute fois au risque de requalification par l'administration et au transfert d'information mise en place depuis le premier janvier 2017.

En effet si votre ou vos comptes bancaires disposent d'argent (+ de 10 000 €) ou de différents investissements comme des assurances vie, contrat de capitalisation ou compte titre, l'administration fiscale peut annuler votre expatriation estimant que vos intérêts économiques sont toujours basés au même endroit.

Renseignez-vous également concernant le coût du transfert de vos comptes titres, les contrats d'assurance vie ou de capitalisation ne peuvent en aucun cas être transférés, vous devrez donc les vendre et vous acquitter de l'impôt sur les plus-values latentes.

Número de Contribuinte

La première des choses à faire quand on décide de venir vivre au Portugal est de procéder à la demande d'un numéro fiscal portugais (Número de Contribuinte). Contrairement à la France où le numéro fiscal sert uniquement pour vos déclarations d'impôt, au Portugal celui-ci est utilisé pour à peu près tout. Vous en aurez besoin pour l'ouverture de votre compte bancaire, la souscription des différents contrats d'habitation, la location ou l'achat de votre logement et bien entendu pour procéder à votre demande de RNH.

Pour l'obtenir votre numéro de contribuinte, il faudra vous rendre à la Direção-geral dos Impostos ou à « Loja do Cidadão » munies de votre carte d'identité ou d'un passeport ainsi que d'un justificatif de domicile (français, belge, suisse). L'administration portugaise vous délivrera dans un premier temps un numéro fiscal de non-résident.

ATTENTION: La conversion de son NIF de non-résident en résident fiscal au Portugal est une étape importante pour les expatriés souhaitant s'installer durablement dans le pays. Cela leur permet de bénéficier de nombreux avantages fiscaux, mais cela peut aussi s'avérer complexe.

En effet, le processus de conversion peut prendre du temps. Les autorités fiscales portugaises ont récemment mis en place une nouvelle mesure exigeant que les expatriés demandant la conversion de leur NIF (numéro d'identification fiscal) de non-résident en résident fiscal, doivent attendre un délai de 3 mois avant que leur demande ne soit traitée.

Cette mesure a été mise en place pour éviter les fraudes fiscales et pour garantir que les expatriés sont effectivement en mesure de prouver leur résidence fiscale au Portugal. Les autorités fiscales portugaises veulent s'assurer que les personnes qui demandent la conversion de leur NIF sont bien résidents fiscaux au Portugal et qu'ils y ont leur résidence principale.
Le délai de 3 mois permet aux autorités fiscales de vérifier les documents fournis par les demandeurs et de s'assurer que les critères de résidence fiscale sont respectés. Ce délai peut sembler long pour certains expatriés qui cherchent à régulariser rapidement leur situation fiscale, mais il est nécessaire pour garantir l'intégrité du système fiscal portugais.

Il est important de souligner que la conversion du NIF de non-résident en résident fiscal est une étape cruciale pour les expatriés souhaitant bénéficier des avantages fiscaux du Portugal. Cela leur permet de profiter d'un taux d'imposition réduit sur leur revenu de source étrangère et de nombreuses autres exemptions fiscales.

En somme, la demande d'un délai de 3 mois pour convertir son NIF de non-résident en résident fiscal est une mesure importante pour garantir l'intégrité du système fiscal portugais et permettre aux expatriés de profiter pleinement des avantages fiscaux offerts par le pays. Bien que ce délai puisse sembler long pour certains, il est essentiel pour assurer une conversion en toute légalité et sécurité.

Passé ce délais et munie de votre bail locatif ou de votre acte de propriété, vous devez vous rendre de nouveau dans la Loja do Cidadão du lieu dont vous dépendez, pour demander la modification du statut de votre numéro fiscal. L'administration fiscale changera votre adresse fiscale et indiquera celle de votre logement au Portugal.

DEPUIS LE 1E SEPTEMBRE 2021, L'ACCÈS AU SERVICE DES FIANCES NE NÉCESSITE PLUS DE PRISE DE RENDEZ-VOUS.

Bravo, vous êtes résident fiscal portugais.

Service des étrangers aux frontières (SEF)

Dans un souci de simplifier les démarches administratives pour les ressortissants étrangers européens ou non européens.

L'administration portugaise à mie en place via le programme simplex + une carte de citoyen pour les non-résidents regroupant toutes vos données (contribuable, sécurité sociale, SNS). Depuis le début de l'année 2019, les administrations portugaises ne prennent plus en compte les pièces d'identités ou passeport étrangères. Seules la carte de citoyen des non-résidents ou l'attestation de résident européen sont reconnues.

Pourquoi cette carte de citoyen non résident

Quand vous entreprenez les différentes démarches pour vous installer au Portugal, vous devez vous rendre dans de nombreux organismes d'états. Par exemple la sécurité sociale, IMTT, transfert de véhicule, etc. Dans le passé, vous deviez fournir de nombreuses copies de vos différents documents d'authentifications, ou attestation de votre ancien pays fiscal. Toujours dans un souci de simplification, à travers cette carte d'une durée de validité de 5 ans, vous n'aurez plus besoin de présenter vos différents documents lorsque vous vous rendez auprès d'un organisme d'état ou une société de services (EDP, eau, etc.). Cette carte de citoyen étranger regroupera toutes vos données officielles.

Comment obtenir l'attestation de résident européen

<u>Les documents à fournir:</u>
* Attestation de résident (à obtenir auprès de la freguesia de votre lieu d'habitation)
* CI / passeport
* Numéro de contribuable
* Attestation de votre mairie française stipulant clairement votre date d'arrivée et votre date de départ.
* Attestation sur l'honneur, prouvant votre aptitude à subvenir à vos besoins seul.

Pour en faire la demande, il faut vous rendre dans la mairie centrale de votre département ou ville, à titre d'exemple, si vous résidez à Porto, chaque quartier dispose d'une « mairie de quartier » et une « mairie centrale ». Il faudra donc vous rendre dans la mairie centrale pour en faire la demande. Il est probable qu'une contre partie de 15 € environ vous soit demandée. Selon la ville où vous habitez, le document peut vous être délivré immédiatement ou bien alors sous un délai de 7 à 10 jours.

IMPORTANT : VOUS DEVEZ FAIRE LA DEMANDE DE CETTE CARTE UNE FOIS EN POSSESSION DE VOTRE NUMÉRO DE CONTRIBUABLE, SANS CELLE-CI VOUS NE POURREZ PROCÉDER AU TRANSFERT DE VOS DROITS DE RETRAITE OU LA RÉGULARISATION DE VOTRE VÉHICULE ET PERMIS DE CONDUIRE.

Comment obtenir la carte de citoyen de non-résident

à faire 2 mois avant l'expiration de votre attestation de résident européen

<u>Les documents à fournir:</u>
* L'originale de l'attestation de résident européen
* CI / passeport
* Numéro de contribuable
* Numéro de sécurité sociale
* Numéro de Utente
* Relevée bancaire (permettant de prouver que vous avez des revenus)

Le carte de citoyen de non résident (certificat de registre de ciutadà de la unió europea), est une carte valable 5 ans attestant que vous résidez fiscalement et attestant de votre présence sur le sol portugais.

Cette attestation est obligatoire et sera un élément essentiel dans la régularisation de votre véhicule, ou pour l'obtention de votre numéro de sécurité sociale, le changement de votre permis de conduire et sans oublier lors de votre enregistrement auprès de votre ambassade.

Faire la demande en ligne

Au vu de la situation sanitaire, le Service des étrangers et des frontières (SEF)à mie en place un système online permettant de faire la demande de renouvellement de titre de séjour en ligne.

Dans le cadre d'une demande de renouvellement, vous n'aurez plus besoin de vous rendre dans les bureaux du SEF, il lui suffira simplement de faire sa demande de titre de séjour directement sur le portail SEF **(https://www.sef.pt/pt/Pages/Homepage.aspx)**. Dans un second temps, le SEF procédera aux vérifications afin de confirmer la demande de titre de séjour. La procédure qui durait auparavant 40 minutes devrait durer à partir de maintenant 15 minutes. Ce renouvellement de titre de séjour sera gratuit.

Demande de formulaire S1

Avant de partir de France, pour vous installer fiscalement au Portugal, vous devrez demander votre formulaire S1 en double exemplaire (anciennement appelé E121) auprès de votre Caisse Nationale Assurance Vieillesse (CNAV) ou CARSAT si c'est votre retraite de base.

Cette demande devra être faite par écrit à l'adresse suivante:

CNAV DAE
15 avenue Louis Jouhanneau
37078 Tours cedex 02

Le délai d'obtention du formulaire S1 est de 2 à 3 mois.
Lors de votre inscription auprès de la sécurité sociale portugaise, celle-ci se chargera de communiquer à la CPAM votre prise en charge au Portugal en retournant un exemplaire du formulaire S1 complété et validé par la SNS.

Si vous bénéficiez d'un protocole de soins (100%), il vous suffit de télécharger depuis votre compte AMELI votre attestation de droits (sur laquelle figure le protocole). Vous devrez présenter cette attestation (S2) à votre centre de Saude de résidence, bien entendu il faudra détenir également votre formulaire S1.

RÉSIDENT NON HABITUEL

Le statut de résident non habituel

La France/Belgique et le Portugal ont conclu une convention fiscale destinée à éviter les doubles impositions et à établir des règles d'assistance administrative réciproque en matière d'impôt sur le revenu. Cette convention fiscale bilatérale ne vise, du côté français et belge, que l'impôt sur le revenu.

Contrairement à d'autres régimes favorables à l'expatriation fiscale en vigueur dans d'autres pays d'Europe, à titre d'exemple, le régime espagnol appelé « loi Becham » qui fait dépendre sont obtention d'une activité salariée en Espagne. Ou bien encore le « forfait fiscal » appliqué en Suisse qui n'exige qu'aucune activité lucrative au quotidien en Suisse (attention toute foi au risque de requalification par l'administration fiscale française). Le champ d'action du statut de RNH est bien plus souple.

Définition conventionnelle de la résidence fiscale

La notion de résidence fiscale est définie par l'article 4 de la convention du 14 janvier 1971 aux termes duquel il est expressément mentionné que :

a) Est considérée comme résident de l'État contractant, l'État où la personne dispose d'un foyer d'habitation permanent. Lorsqu'elle dispose d'un foyer d'habitation permanent dans chacun des États contractants, elle est considérée comme résident de l'État contractant avec lequel ses liens personnels et économiques sont les plus étroits (centre des intérêts vitaux) ;
b) Si l'État contractant ne peut pas être déterminé où cette personne a le centre de ses intérêts vitaux, ou si elle ne dispose pas d'un foyer d'habitation permanent dans aucun des États contractants, elle est considérée comme résident de l'État contractant où elle séjourne de façon habituelle ;
c) Si cette personne séjourne de façon habituelle dans chacun des États contractants ou si elle ne séjourne de façon habituelle dans aucun d'eux, elle est considérée comme résident de l'État contractant dont elle possède la nationalité ;
d) Si cette personne possède la nationalité de chacun des États contractants ou si elle ne possède la nationalité d'aucun d'eux, les

autorités compétentes des États contractants tranchent la question d'un commun accord. »

Qui a le droit Régime fiscal du résident non habituel

Le statut du résident non habituel a été créé en 2009 concernant l'impôt sur le revenu des personnes physiques (IRS) dans la perspective d'attirer au Portugal des experts professionnels non-résidents, dans des activités à haute valeur ajoutée ou de la propriété intellectuelle, industrielle, ainsi que des bénéficiaires de pensions de retraite perçues à l'étranger.

Jusqu'en 2020, les détenteurs de ce régime fiscal voyaient leurs pensions de retraite exonérées d'impôts sur le revenu et ceux-ci pour une durée de 10 ans.

2020, l'année de la grande réforme, le gouvernement portugais a procédé à la première réforme du statut de résident non habituel pour les retraité (le statut des actifs a été réformé en 2019 et vous octroie des 2021 un taux d'imposition de 10% valable uniquement sur vos pensions de retraite pendant 10 ans.

Qui peut demander l'inscription comme résident non habituel ?

Tous ceux qui ne sont pas considérés résident sur le territoire portugais dans les cinq années précédentes à la demande d'imposition comme résident habituelle et être retraitée du privé

Quand faut-il faire la demande du statut RNH ?

La demande d'inscription en tant que résident non habituel devra être effectuée jusqu'au 31 mars inclus, de l'année suivante à laquelle vous devenez résident fiscal sur le territoire portugais.

Obligation déclarative dans votre pays

L'année suivant celle de votre transfert, vous devrez déposer :

- Une déclaration d'impôt sur le revenu classique pour les revenus perçus lors de la période au cours de laquelle vous étiez résident
- ainsi qu'une déclaration de revenus en tant que non-résident.
- Puis les années postérieures au transfert de votre résidence fiscale au Portugal, vous devrez continuer à déposer des déclarations de revenus des non-résidents, afin de déclarer les revenus de source française/belge que vous percevrez chaque année et qui sont imposables en vertu des dispositions de la convention fiscale établie entre les deux pays.

L'IMPÔT SUR LE REVENU AU PORTUGAL

L'équivalent de l'impôt sur le revenu français s'appelle IRS (Imposto sobre o Rendimento das Pessoas Singulares). Il est acquitté par les salariés et les retraités qui vivent au Portugal. Après que ce soit écoulé la période de 10 ans d'exemption prévue par le statut des RNH, un retraité étranger sera soumis à l'IRS.

L'impôt sur la fortune immobilière – IFI n'existe pas au Portugal.

À titre d'information, le barème officiel des finances publiques pour le contribuable portugais.

REVENUS ANNUEL	TAUX D'IMPOSITIONS
MOINS DE 7 000,00€	14,5 %
DE 7000,00€ À 20 000,00€	28,5 %
DE 20 000,00€ À 40 000,00€	37%%
DE 40 000,00€ À 80 000,00€	45 %
AU-DESSUS DE 80 000,00€	48 %

Évolution du statut RNH

L'origine du statut de résident non habituel

Le régime fiscal des «résidents non habituels » est prévu dans le Code IRS. Il a été introduit par Décret-loi n° 249/2009, du 23 septembre, et complété par Ordonnance n° 12/2010 du 7 janvier, dans le but d'attirer au Portugal des professionnels qualifiés, les investisseurs et les retraités étrangers.

Voilà 10 ans que le RNH a été introduit, il est aujourd'hui venu le temps de réformer le régime. Ce régime a été créé avec l'intention attirée au Portugal, des personnes exercent des activités de haute valeur ajoutée, les investisseurs et les retraités étrangers.

En mettant en place ce régime fiscal très attractif pendant 10 ans, le Portugal avait l'intention de rivaliser avec certains régimes favorables offerts par d'autres pays (par exemple, l'Italie et Royaume-Uni).

En outre, la plupart des revenus gagnés à l'étranger par les « résidents non habituels » peuvent bénéficier d'une exonération, au Portugal, à condition de respecter certaines règles. Ainsi, les revenus du travail obtenu par un « Résidents non habituels » à l'étranger peuvent bénéficier d'une exonération totale ou partielle, sous certaines conditions :

1. sont imposés dans les pays respectifs de l'État d'origine, en respect de la convention fiscale célébré par le Portugal et l'état en question;
2. sont imposés dans l'autre pays, territoire ou région, dans les cas qu'il n'y a pas de convention pour éliminer la double imposition, à condition que les gains ne soient pas considérés comme obtenus sur le territoire Portugais. Quant au revenu gagné, dans le à l'étranger, dans les activités de prestation de services de grande valeur ajoutée, à caractère scientifique, artistique ou technique, contenue dans l'ordonnance n ° 12/2010 du 7 janvier, ou de la propriété intellectuelle ou industrielle, voire fourniture d'informations concernant à une expérience acquise dans le secteur industriel, commerciaux ou scientifiques, comme le revenu du capital, revenus de la propriété et augmentations actives (gains en capital), peuvent être exemptés de l'IRS.

2020 l'année de la réforme du statut de RNH pour les retraités étrangers

Début février 2020, le gouvernement portugais, à voter la réforme du statut de résident non habituel pour les retraités étrangers, jusqu'à aujourd'hui les retraités étrangers pouvaient bénéficier d'une exonération de leurs pensions de retraites étrangères pendant 10 ans. Le gouvernement, sous la pression des parties de gauches et extrêmes gauches, a décidé de procéder à la réforme du statut.

La réforme a été votée le 7 février de la même année en même temps que l'adoption du budget 2020 par les députés. Adieu l'exonération pendant 10 ans de vos pensions de retraite, le gouvernement portugais à décidé de mettre en place un impôt minimum de 10%. Le taux d'imposition choisi par le gouvernement est très faible, à titre de comparaison la 1er tranche d'imposition est de 14,5 %, vous l'aurez compris le gouvernement fait encore un très beau cadeau aux retraités étrangers. Autre point positif, cette réforme du RNH va vous permettre d'éviter tout risque de requalification de votre expatriation fiscale par votre ancien pays de résidence fiscal.

2024: Période de transition, comment fonctionne t'elle

La loi de finances de l'État pour 2024 a déterminé la fin du régime spécial de Résident Non Habituel (RNH) au 1er janvier 2024. Cependant, la loi prévoit une période de transition. Le régime RNH, introduit par le Décret-Loi n° 249/2009 du 23 septembre 2009, dans le but d'attirer les personnes fortunées ainsi que les professionnels hautement qualifiés, a favorisé la compétitivité fiscale et attiré les investissements étrangers au Portugal.
Cependant, considérant que le régime a déjà produit les effets souhaités, le gouvernement a décidé d'annoncer, en octobre 2023, sa résiliation, précisant ensuite ses termes dans la nouvelle loi de finances.

Quelle sont les règles d'atténuation du RNH

Parmi les divers changements approuvés par la loi de finance 2024, entrée en vigueur le 1er janvier 2024, certaines règles d'atténuation pour le régime RNH ont été déterminées, dans le but de protéger les cas de contribuables qui, remplissant les critères établis, souhaitent s'installer au Portugal sous ce régime spécial à partir de 2024, notamment les demandeurs qui :

a) sont déjà enregistrés en tant que RNH au Portugal à la date d'entrée en vigueur de cette proposition ;

b) au 31 décembre 2023, remplissent les conditions pour être qualifiés de résidents à des fins fiscales sur le territoire portugais ;

c) deviennent résidents à des fins fiscales d'ici le 31 décembre 2024 et déclarent, aux fins de leur enregistrement en tant que résident non habituel, qu'ils ont l'un des éléments suivants :

- promesse ou contrat de travail, promesse ou accord de détachement conclu jusqu'au 31 décembre 2023, dont l'exécution des tâches doit avoir lieu sur le territoire national ;
- contrat de bail ou autre accord accordant l'utilisation ou la possession de biens immobiliers sur le territoire portugais signé jusqu'au 10 octobre 2023 ; ou
- contrat de réservation ou contrat préliminaire d'acquisition d'un droit réel sur des biens immobiliers sur le territoire portugais signé jusqu'au 10 octobre 2023 ;
- inscription ou enregistrement des personnes à charge dans un établissement éducatif sur le territoire portugais, effectué avant le 10 octobre 2023 ;
- visa de résidence ou permis de résidence valide jusqu'au 31 décembre 2023 ;
- procédure, entamée jusqu'au 31 décembre 2023, en vue de l'octroi d'un visa de résidence ou d'un permis de résidence, devant les autorités compétentes, conformément à la législation en vigueur applicable à l'immigration, notamment par le biais de la demande d'un rendez-vous ou d'un rendez-vous effectif pour la soumission de la demande de visa ou de permis de résidence ;

d) les membres de la famille des demandeurs dans l'une des situations mentionnées ci-dessus.

Dans tous les cas, le régime s'applique pendant une période de 10 ans consécutifs et selon les termes précédemment en vigueur, maintenant ainsi l'obligation de demander l'enregistrement en tant que RNH jusqu'au 31 mars de l'année suivant l'année de début de la résidence fiscale.

Sans préjudice, si l'enregistrement est effectué après cette date limite, une fiscalité spéciale en vertu du régime transitoire prend effet à partir de l'année où ledit enregistrement est effectué et seulement pour la période restante dans les 10 ans.

Les avantages du régime de résident non habituel

Similairement à ce qui était précédemment en vigueur, la période de transition du régime du RNH maintient tous les avantages précédents pour ceux qui s'enregistrent à partir de 2024, en particulier les exemptions applicables à certains types de revenus provenant de sources étrangères et les taux d'imposition spéciaux.

Plus précisément, en ce qui concerne les revenus provenant de sources étrangères, le régime de résident non habituel permet une exemption de l'impôt sur le revenu personnel pour divers types de revenus, y compris, entre autres, les dividendes, les intérêts, les revenus locatifs et les gains en capital, à condition que, en vertu du traité de double imposition applicable ou, en l'absence de celui-ci, en vertu de la Convention Modèle de l'OCDE, les droits de taxation soient attribués à l'État source.

De plus, les pensions provenant d'une source étrangère, lorsqu'elles sont perçues par des de résident non habituel , sont imposées à un taux fixe de 10 %, même si elles ne sont pas imposées dans l'État source.

D'autre part, les revenus d'un travail dépendant ou indépendant, lorsqu'ils proviennent d'activités à forte valeur ajoutée, de nature scientifique, artistique ou technique, incluses dans la liste officiellement publiée, peuvent bénéficier d'une imposition à un taux spécial de 20 %, par rapport à l'imposition progressive en vertu du régime général, qui peut atteindre 53 %.

Procédure de demande de statut de résident non habituel

Avant de passer aux choses sérieuses, c'est-à-dire procéder à votre demande de statut de résident non habituel, il nous semble important de répondre aux questions les plus souvent posées.

- Faut-il vendre son logement en France/Belgique pour avoir droit au RNH ?
Non, vous n'êtes pas obligé de vendre votre logement en France/Belgique pour avoir le droit au statut de Résident non habituel (RNH).

Pour avoir le droit au statut RNH, il faut au minimum vivre au Portugal pendant 183 jours (6 mois et 1 jour), ce qui veut dire que si vous ne souhaitez pas vivre au Portugal toute l'année, il faudra bien garder votre ancienne résidence principale reconvertie en résidence secondaire.

- Peut-on bénéficier du statut RNH si on loue des biens immobiliers en France/Belgique ?

Oui, vous pouvez bénéficier du statut RNH, tout en louant votre logement ancienne résidence principale ou un autre bien immobilier en France/Belgique, ce qui va vous permettre de vivre au Portugal, tout en gardant vos biens immobiliers en France/Belgique.

Sachez tout de même que vos revenus locatifs resteront imposables en France. Seule votre retraite sera non imposable en France et au Portugal.

- Peut-on bénéficier du statut RNH en louant un appartement/maison au Portugal ?

Oui, pour obtenir le statut RNH, il n'est pas obligatoire d'être propriétaire de votre résidence principale. Il vous suffit de louer un logement au titre de résidence principale. Notez que votre contrat de location devra être au minimum de 1 an.

Important: Le faîte d'être propriétaire au Portugal, favorise l'obtention du taux d'imposition réduit et prouve au service des finances votre volonté de vous investir durablement dans le pays.

- Peut-on garder son compte en banque en France/Belgique ?

Oui, vous pouvez garder votre compte bancaire en France/Belgique à une seule condition que vous le reconvertissiez en compte bancaire de non-résident fiscal. Dans le cas contraire, vous risquez de voir votre expatriation recalcifiée par les finances françaises ou belges. Celle-ci considérera que vos intérêts économiques sont toujours en France/Belgique. Ce qui signifie qu'ils seront en droit de vous demander de vous acquitter de vos impôts sur le revenu en France.

- Comment justifier les 183 jours/an passé au Portugal ?

Dès votre installation au Portugal, préparez-vous à devenir un expert-comptable ! À chaque fois que vous ferez un achat (hypermarchés, restaurants, achat de meubles, réparation de votre voiture, etc.), demandez une facture avec votre numéro de contribuable.

Si vous faites des allers-retours entre la France/Belgique et le Portugal, gardez votre billet d'embarquement (la facture n'est pas une preuve juridique), si vous partez en voiture, conservez les tickets des péages et carburant.

En cas de contrôle fiscal par la France/Belgique, vous devrez être en capacité de pouvoir prouvé votre présence sur le territoire portugais pendant les 6 mois et 1 jour comme indiqué dans la convention fiscale.

Procédure de demande de statut de résident non habituel

Depuis le 1er août 2016 et la parution du **Decreto-Lei n° 41/2016**, les services des finances ont mie en place un nouveau service internet permettant de faire vos demandes de statut de résident non habituel de manière électronique.

Description de la procédure par le portail des finances

Demande de codes d'accès :
Munie de votre numéro de contribuable (NIB) rendez-vous sur le site des finances à l'adresse : www.portaldasfinancas.gov.pt

Ensuite, cliquez sur « **registre-me** » complétez les informations demandées et validez. Comptez un délai de 7 jours pour recevoir vos codes chez vous (le délai peut varier en fonction de la poste).

Dépôt de la demande de RNH :

La demande de RNH ce fait via le portail des finances à l'adresse : www.portaldasfinancas.gov.pt, rendez-vous ensuite dans la section : **Cidadãos > Serviços > Situação Fiscal - Dados > Residente Não Habitual > Entregar Pedido de Inscrição.**

Sur les pages respectives, vous devrez remplir les champs concernant l'année antérieure passée dans votre ancien pays de résidence fiscale et déclarée que vous possédez les conditions pour être considéré comme non résident sur le territoire portugais dans les cinq années antérieures à l'année correspondant à votre arrivée au Portugal.

Contrôle de votre demande de RNH

Si votre demande est acceptée, vous pourrez obtenir en format PDF votre attestation de résident non habituel.

Pour connaître la réponse des Autoridate Tributaria, il vous suffit de vous rendre : www.portaldasfinancas.gov.pt, rendez-vous ensuite dans la section : **Cidadãos > Serviços > Situação Fiscal - Dados > Residente Não Habitual > Consultar Pedido de Inscrição.**

En cas de refus de la requête, une lettre vous notifiera les motifs de la décision, contre laquelle il vous sera possible de présenter vos arguments, ou éventuellement de nouvelles preuves.

Vous voici résident fiscal portugais et détenteur du statut de résident non habituel pour une durée de 10 ans.

Que devez-vous faire si votre demande est suspendue ?

Si votre demande d'inscription comme résident non habituel (RNH) se trouve suspendue, cela est dû exclusivement au fait que vous êtes enregistré comme résident sur le territoire portugais durant les années antérieures à l'année relative à laquelle vous prétendez débuter votre régime de résident non habituel.

Dans ce cas, si vous réunissez les conditions et preuves vous permettant de justifier que cet enregistrement sur le territoire portugais est une erreur, vous devrez solliciter et prouver dans un délai de 15 jours dans auprès du Service de Finances, l'actualisation de votre domicile fiscal.

Après avoir fait votre demande de changement d'adresse auprès du Service de Finances, vous devrez attendre la décision du ministère des Finances.

Si votre demande est autorisée, vous serez automatiquement inscrit comme RNH.

Si votre demande a été refusée, vous serez notifié de votre inscription comme RNH est rejetée.

IRS perçut par les résidents non habituels.

Revenus de source portugaise

Les revenus nets des catégories A (travail dépendant) et B (travail indépendant) perçus dans le cadre d'activités hautement qualifiées, par des résidents non habituels sur le territoire portugais, sont taxés au taux spécial de 20 %, sauf en cas d'option d'englobèrent– Article 72, point 6 du CIRS.

L'option d'englobèrent des revenus, une fois exercés, implique l'obligation d'englober la totalité des revenus de la même catégorie, conformément au 5 de l'article 22 dudit code de l'IRS.

En ce qui concerne le reste des revenus des catégories A et B, autres que ceux résultant des activités dites hautement qualifiées, ainsi que les revenus des autres catégories, perçus para les résidents non habituels, ceux-ci sont englobés et taxés conformément aux règles générales prévues dans le CIRS.

Revenus de source étrangère

Élimination de la double imposition juridique internationale par la méthode de l'exonération.

1 — Revenus de catégorie h (pensions) — point 6 de l'art. 81 du CIRS
Pour les résidents non habituels qui perçoivent, à l'étranger, des revenus de catégorie h, on applique la méthode de l'exonération d'impôt sur le montant qui, résultant de cotisations, n'a pas été déduit en cas d'application du 2 de l'article 25o du CIRS. Il suffit pour cela que l'une des deux conditions suivantes soit remplie:
A) Qu'ils puissent être imposés dans l'autre État contractant, de conformité avec la convention pour éliminer la double imposition célébrée par le Portugal avec cet autre État, ou
B) en vertu des critères exposés au 1 de l'article 18 du CIRS, qu'ils ne soient pas considérés obtenus sur le territoire portugais.

2 — Revenus de catégorie B (travail indépendant), E (revenus du capital), F (revenus de l'immobilier) et G (revenus des plus-values) — point 5 de l'art. 81 du CIRS

Pour les résidents non habituels qui perçoivent, à l'étranger, des revenus de catégorie B, résultants d'activités hautement qualifiées ou de caractères scientifique, artistique ou technique, ou bien encore résultants de la fourniture d'informations concernant une expérience acquise dans le domaine scientifique, artistique ou technique, bien comme des revenus de catégorie E, F et G, on applique la méthode de l'exonération d'impôt. Il suffit pour cela que l'une des deux conditions suivantes soit remplie:

A) Qu'ils puissent être imposés dans l'autre État contractant, de conformité avec la convention pour éliminer la double imposition célébrée par le Portugal avec cet autre État, ou

B) qu'ils puissent être imposés dans l'autre pays, territoire ou région, de conformité avec le modèle de convention fiscale sur le revenu et le patrimoine de l'OCDE, interprétés en accord avec les observations et réserves formulées par le Portugal dans les cas où il n'aurait pas eu célébration de convention pour éliminer la double imposition, à condition que ce pays, territoire, ou région ne figure pas sur la liste approuvée par le ministre de l'État et des Finances (ordonnance n. 150/2004, du 15 du février) relative aux régimes fiscaux privilégiés, clairement plus favorables, et aussi que ces mêmes revenus, en vertu des critères exposés au 1 de l'article 18 du CIRS, ne soient pas considérés obtenus sur le territoire portugais.

3 — Autres revenus de source étrangère
En présence de tout autre type de revenu de source étrangère, comme, par exemple des rémunérations résultantes de travail indépendant, qui ne soient pas passible de bénéficier du régime fiscal du résident non habituel, celui-ci sera imposé sur le territoire portugais par application du 1 de l'article 15 du CIRS:

• De conformité avec la convention pour éliminer la double imposition célébrée par le Portugal avec cet autre État, à condition qu'il existe une telle convention, où
• dans le cas contraire, la norme unilatérale pour éliminer la double imposition juridique internationale peut être appliquée.

Comment déclarer vos pensions de retraite

Dans la case 5B, vous devez indiquer les revenus obtenus à l'étranger relatif à

Les pensions (catégorie H) et celles prévues au paragraphe D et aux alinéas 3 et 11 du paragraphe B de l'article 2 du CIRS, qui relèvent de la catégorie A, en identifiant séparément les revenus qui ont été imposés à l'étranger de ceux qui n'ont pas été imposés. Le complément doit être effectué de la manière suivante :

- Dans la 1ère colonne, vous devez indiquer les tableau 4A ou 5A et la rubrique respective de l'annexe J dans laquelle les revenus obtenus à l'étranger ont été mentionnés ;
- Dans la 2ème colonne, si dans la première colonne le tableau 4A a été indiqué, il faut utiliser les codes de revenus suivants3 :

   ✳Code A91 - Revenu de catégorie A, prévu au paragraphe d) du point 1 de l'article 2 du CIRS ;
   ✳Code A92 - Revenu de catégorie A tel que prévu à l'alinéa 3 du n° 3 de l'article 2 de la CIRS ;
   ✳Code A93 - Revenu de catégorie A tel que défini au point 11

- Dans la 3ème colonne, vous devez indiquer si les revenus ci-dessus relèvent de la catégorie H ou de la catégorie A de l'IRS, en utilisant les lettres H ou A, respectivement
- Dans la 4ème colonne, vous devez indiquer le code du pays où le revenu a été obtenu (voir le code dans les instructions de l'annexe J)
- Dans la 5e colonne, vous devez indiquer le revenu correspondant

- Dans la 6e colonne, vous devez indiquer le montant de l'impôt payé à l'étranger sur les revenus mentionnés dans la colonne précédente
- Dans la 7ème colonne, veuillez cocher si les revenus perçus à l'étranger n'étaient pas soumis à l'impôt dans ce pays.

Élimination de la double imposition

Dans la case 6C, le détenteur de revenus étrangers peut indiquer la méthode pour éliminer la double imposition internationale en ce qui concerne l'année à laquelle il se rapporte :

- Tableau 6C1 - années 2019 et antérieures ; et Régime transitoire - années 2020 et ultérieures ;
   ✳Sur les déclarations annuelles de revenus pour les années 2019 et antérieures ; ou
   ✳ par les titulaires de revenus qui ont rempli le formulaire 5B, dans leurs déclarations des années 2020 et suivant, et qui n'ont pas opté pour le nouveau régime d'imposition des revenus obtenus à l'étranger, en application du n° 12 de l'article 72 du CIRS (le champ 10 du formulaire 6B est coché).

- Tableau 6C2 - Dans les déclarations fiscales annuelles pour les années 2020 et suivantes.

La méthode d'exemption prévue à l'article 81 du CIRS est appliquée aux résidents non habituels du territoire portugais qui obtiennent des revenus à l'étranger.

NOTE : LE PROPRIÉTAIRE DES REVENUS PEUT OPTER POUR LA MÉTHODE DU CRÉDIT D'IMPÔT, AUQUEL CAS LES REVENUS DOIVENT ÊTRE AGRÉGÉS POUR L'IMPOSITION, À L'EXCEPTION DE CEUX PRÉVUS AUX N° 7, 9 ET 10 DE L'ARTICLE 72 DU CIRS.

Fiscalité sur les cryptomonnaie pour les particuliers

Au Portugal, la fiscalité de la cryptomonnaie est relativement simple et avantageuse par rapport à d'autres pays. Le Portugal a adopté une approche favorable à l'égard de la cryptomonnaie, ce qui en fait une destination populaire pour les investisseurs en cryptomonnaie. En termes de fiscalité, les gains réalisés sur les transactions de cryptomonnaie sont considérés comme des gains en capital et sont imposés à un taux forfaitaire de 28%. Toutefois, si vous êtes résident fiscal non habituel, vous pouvez bénéficier d'un taux réduit de seulement 10% pendant 10 ans.

Le statut de Résident Non Habituel (RNH) est un régime fiscal avantageux pour les expatriés qui s'installent au Portugal. Les RNH bénéficient d'une exonération fiscale sur leurs revenus étrangers, y compris les revenus de la cryptomonnaie. Cependant, pour bénéficier de ce statut, vous devez passer plus de 183 jours par an au Portugal et vous ne devez pas avoir été résident fiscal au Portugal au cours des cinq dernières années.

En outre, le Portugal n'impose pas de TVA sur les transactions de cryptomonnaie, ce qui rend les échanges de cryptomonnaie plus attractifs pour les investisseurs.

Cependant, il est important de se conformer à la réglementation fiscale en vigueur au Portugal en ce qui concerne les transactions de cryptomonnaie. Les autorités fiscales portugaises exigent que les investisseurs déclarent leurs revenus de cryptomonnaie et paient les impôts correspondants. Les investisseurs doivent également tenir des registres détaillés de leurs transactions de cryptomonnaie pour pouvoir justifier leurs gains et pertes en cas de contrôle fiscal.

Le Portugal offre un cadre fiscal avantageux pour les investisseurs en cryptomonnaie. Toutefois, il est important de se conformer aux réglementations fiscales en vigueur et de tenir des registres précis pour éviter tout problème avec les autorités fiscales portugaises.

SUCCESSION
ET
DONATION

Succession et donation

Depuis la diffusion, dans plusieurs pays de reportages télévisés sur les avantages du RNH. L'investissement immobilier étranger au Portugal ne cesse d'augmenter. Mais le faîte d'investir au Portugal implique également des questions sur la donation et la succession.

La donation

La donation est un type de contrat dans lequel le donateur cède gratuitement son bien. Ce procédé s'effectue dans l'immédiat et ne peut plus être modifié. Il peut s'agir d'investissements immobiliers au Portugal comme d'autres biens.

Il existe également le don manuel, passant directement d'une personne à une autre; la donation indirecte par l'intermédiaire d'une transaction bancaire et enfin la donation par acte notarié.

La donation par acte notarié, inclus des frais qui doivent être calculés selon la région et le cas de figure. Le meilleur conseil est de contacter un expert judiciaire portugais, qui pourra vous renseigner en détail.

Un accord à notamment été signé entre la France et le Portugal en 1994 à Lisbonne, concernant les impôts portugais. La loi s'applique aux donations et successions des personnes décédées. Les mesures prises concernant les institutions de Droit Public opérant dans le secteur scientifique, artistique, éducatif, etc.

Même si faire une donation semble gratuit, une donation au Portugal est un acte soumis au paiement de Droit de Timbre (impôt) . Selon la législation en vigueur, les donations de biens immobiliers sont soumises à l'application du taux de 0,8 % et du taux de 10 %, ce qui correspond à une taxe totale payable égale à 10,8 % du bien immobilier cédé. Concernant les autres types de biens, comme de l'argent, le taux qui s'applique est uniquement de 10 %.

Cependant, il faut savoir qu'au Portugal, pour les donations inférieures à 500,00 € et les donations faites au conjoint, ascendant ou descendant, le paiement de l'impôt de Droit de Timbre ne s'applique pas.

La succession

En ce qui concerne la succession, les biens immobiliers, ainsi que les valeurs monétaires (détenue sur vos comptes bancaires) sont exonérés d'impôts sur les héritiers en ligne directe. Toutefois, il faut les déclarer auprès de l'administration portugaise.

En vertu du Règlement EU n. 650/2012, du 17 août, en matière de successions et de la création d'un certificat successoral européen (le «**Règlement**»), qui est applicable aux successions des personnes étant décédé à partir du 17 août 2015, une personne qui souhaite se domicilier et résider au Portugal, indépendamment de sa nationalité, pourra choisir la loi portugaise comme étant la loi applicable à sa succession, à l'exclusion de la loi de sa nationalité.

En effet, le Règlement est basé sur les trois principes fondamentaux suivants:

- Compétence et incidence de la succession sur la totalité des biens du défunt, indépendamment de la situation et lieu desdits biens
- La dernière résidence habituelle du défunt au moment du décès est l'élément de connexion qui détermine la loi applicable à la succession du défunt
- La loi applicable à la succession du défunt en vertu du règlement s'applique à l'intégralité de la succession.

Il convient de souligner que l'application de la loi de la dernière résidence habituelle du défunt peut être remplacée par la loi de la nationalité du défunt, par le biais d'un testament qui doit mentionner le choix de la loi de la nationalité. Dans le cas susvisé, il faudra également que, le moment venu, les héritiers acceptent que les organes judiciaires de l'État de la nationalité du défunt aient la compétence exclusive pour décider sur toute question ayant un caractère successoral (accord d'élection de for).

Le Règlement présente également l'avantage de permettre que le bénéficiaire de la succession puisse traiter de toute la procédure successorale auprès d'une seule autorité, ce qui évite la duplication des procédures et de frais engagés par lesdits bénéficiaires.

En vertu du Règlement, un Certificat successoral européen a été créé. Ledit certificat permet que les héritiers et/ou les administrateurs de la succession prouvent leur qualité auprès de toutes autorités des Etats-Membres, sans avoir à respecter d'autres formalités à cet effet.

La succession du défunt sera traitée de façon globale, vu que toutes les questions en relation avec l'administration de la succession jusqu'à la phase de liquidation sont couvertes par le Règlement.

Il convient de souligner que l'élection de la loi portugaise peut avoir un impact conséquent, dans la mesure où les successions entre ascendants, descendants et conjoints, portant sur des biens immobiliers (les «membres de la famille directs») sont exonérées d'impôts. En effet, à l'inverse de ce qui se passe dans la plupart des Etats-Membres de l'Union européenne, le législateur portugais a opté par la non-imposition des successions entre membres de la famille directs.

Même en ce qui se rapporte aux successions de biens immobiliers en faveur de personnes qui ne sont pas membres de la famille directs, l'imposition desdites successions sera imposée sous le régime du Droit de Timbre, au taux de 10 %, qui est nettement inférieur au taux d'imposition pratiquée dans la plupart des États membres.

ASSURANCE SANTÉ AU PORTUGAL

Les assurances santé au Portugal

Le système de santé portugais est très différent du système français. Le système portugais se compose essentiellement d'un système de santé publique (SNS, Serviço National de Saude), et d'un système de santé privé.

Le système de santé publique au Portugal n'est pas bien adapté aux soins médicaux courants. Ses principales carences sont les listes d'attente pour pouvoir être opéré, les délais pour obtenir une consultation chez un spécialiste, les files d'attente interminables dans les hôpitaux, l'imposition du médecin ou du centre de soins, sans parler des soins dentaires qui sont rarement pris en charge.

Par ailleurs, les coûts des soins , qui étaient jadis presque entièrement pris en charge par le SNS sont de plus en plus répercutés sur le patient qui est mis à contribution (ce que l'ont appel en France le ticket modérateur, taxa moderadora au Portugal). Bien sûr, les restrictions budgétaires imposées pendant ces années de crise économique ne vont pas améliorer la situation.

Les retraités français qui bénéficient en France de la couverture de la sécurité sociale ont accès au Portugal (ou ailleurs en Europe) au système de santé publique. Pour ce faire, ils doivent obtenir de leur caisse d'assurance maladie française le formulaire E121/S1, puis s'inscrire à la sécurité sociale portugaise et par la suite faire la demande de leur numéro de sécurité sociale.

À côté du système de santé publique, il existe des réseaux de soins privés (hôpitaux, cliniques, médecins, etc.) pour lesquels le serviço national de saude n'intervient pas. Les frais sont donc à la charge des patients, ou de leur mutuelle santé.

Les principaux avantages du système de santé privé :

• Accès rapide au spécialiste
• Pas de liste d'attente pour les interventions
• Liberté de choix du médecin et de l'hôpital
· Qualité des soins
· Meilleure prise en charge des soins dentaires

On peut utiliser un réseau du système de santé privé directement, sans assurance, de même que l'on peut vivre sans assurance habitation, vie ou retraite (ce qui n'est malgré tout pas recommandé).

Il existe une large gamme de produits offerte sur le marché, la gamme adaptée aux besoins et aux ressources de chacun. Les offres sont très similaires d'une compagnie à une autre.

De manière non exhaustive, nous pouvons citer :

• **Les produits "hospitalisation"** qui protègent des coups durent, ils ne couvrent que les frais d'hospitalisation. Par exemple, le produit distribué par l'automobile club du Portugal, en partenariat avec Groupama, n'a pas de limite d'âge à l'entrée ni après et coûte 6,00 € par mois !

• Les produits "carte du réseau partenaire" tous les assureurs santé ont comme partenaire un des réseaux de santé privés, la carte vous permet de bénéficie d'un pourcentage de réduction sur les prix publics du réseau privé en ambulatoire, généralement une réduction comprise entre 40 et 50 % pour un coût de 7 à 8 € par mois. Mais les frais d'hospitalisation ne sont pas pris en charge.

• Les produits "au 1er euro" qui couvrent l'essentiel des dépenses réalisées auprès du réseau de santé partenaire. En fonction des garanties couvertes, de l'âge, des limites des garanties. Des franchises à la charge du patient, des couvertures des soins dentaires, des remboursements des frais optiques, des nouvelles garanties de médecine alternative, des services de bien-être, les coûts peuvent aller de 10-15 € à plus de 300 € par mois.

• Les produits de "remboursement" quand les dépenses sont effectuées hors du réseau partenaire, dans ce cas l'assureur rembourse les frais quelque soit le centre de soin ou le médecin choisi et ceux au Portugal et ailleurs. Bien sûr, il existe différents niveaux de franchise et de plafond annuels de garanties.

• Ont peut citer les garanties "maladies graves" la "deuxième opinion médicale", ou les nouveaux services de e-consultation à partir d'un smartphone. Ces différents types de produits sont souvent complémentaires et peuvent donc être mixés.

Il est important de comprendre qu'un assureur de santé privé n'est pas un système public de couverture universelle, couvrant tous les usagers, toutes les maladies, à tout moment, entraînant d'énormes déficits économiques compensés par les budgets de l'état. Un assureur privé ne peut couvrir que des évènements aléatoires, en aucun cas des évènements certains, raison pour laquelle il existe des exclusions de maladies préexistantes, des délais de carence, etc.

Nous ne pouvons vivre sans assurance santé comme nous ne pouvons vivre sans téléphone portable, c'est un choix de vie, de priorité dans nos dépenses. Donc un sujet très personnel.
Les Français, notamment les retraités, s'installant au Portugal n'hésiteront pas à souscrire à un de ces contrats s'ils souhaitent maintenir un niveau de qualité de soins similaire à celui qu'ils connaissent en France. Les Français retraités s'installent au Portugal se posent fréquemment des questions concernant le maintien de leur mutuelle en France, les offres de la CFE, ou les cotisations que prélève la CNAV sur leurs pensions.

L'assurance maladie portugaise
S'inscrire à la sécurité sociale portugaise

Avant de vous inscrire dans votre centre de santé, il est obligatoire de vous inscrire auprès de la sécurité sociale portugaise. Vous trouverez ci-dessous les adresses email des principaux centres de sécurité sociale portugaise. Pour obtenir l'adresse email des autres centres, veuillez vous connecter sur le site de la segurança social.

- Zone de Porto: CDSSPorto@seg-social.pt
- Zone de Aveiro: CDSSAveiro@seg-social.pt
- Zone de Lisbonne: CDSSLisboa@seg-social.pt
- Zone de Évora: CDSSEvora@seg-social.pt

Le jour du rendez-vous, vous devrez vous munir, des documents ci-dessous:
- Numéro de contribuable
- Certificat S1/E121
- Attestation de résident européen
- Votre pièce d'identité
- Formulário RV 1017 – DGSS devidamente preenchido e assinado
- Formulário RV 1006 – Devidamente preenchido e assinado

Depuis le début d'année 2023, la sécurité social à décidé de simplifié les démarches, il est maintenant possible de s'inscrire à la sécurité social en ligne, pour cela, il vous suffit de vous rendre directement sur le site de https://www.seg-social.pt/pedido-de-formulario-niss-cidadao-estrangeiro.

Il vous suffit d'indiquer:
- votre nom et prénom,
- votre date de naissance,
- votre sexe
- votre pays de naissance
- votre nationalité
- votre NIF
- ....

Vous devrez ensuite joindre une copie de votre pièce d'identité, vous obtiendrez, une réponse sous un délais de 48-72h, et recevrez directement par courrier postal votre numéro de sécurité social portugaise.

S'inscrire dans votre Centro de Saùde (obtention du n° UTENTE)

Afin de pouvoir bénéficier des soins de santé fournis par le Service Nacional de Sáude **(SNS)**, vous devrez vous inscrire une fois votre changement de résidence fiscal effectué. Vous devrez vous rendre dans le centre de santé **(Centro de Saúde)** le plus proche de votre domicile en présentant un document d'identité valide (carte d'identité ou passeport) votre numéro de contribuable, votre document du SEF ainsi que votre carnet de santé et un document prouvant votre résidence.

Votre centre de santé émettra une carte d'utilisateur du SNS à votre nom et vous délivrera un numéro de Utente et vous indiquera quel sera votre médecin de famille.

VOUS TROUVEREZ VOTRE CENTRE DE SANTÉ (CENTRO DE SAÚDE) EN VOUS RENDANT SUR LE SITE DU GOUVERNEMENT (HTTPS:// WWW.SNS.GOV.PT/SNS/PESQUISA-PRESTADORES/), VOUS DEVREZ LÀ ENCORE PRENDRE UN RENDEZ-VOUS PAR EMAIL OU TÉLÉPHONE POUR RÉALISER CETTE DÉMARCHE OBLIGATOIRE.

Les droits auprès de l'Assurance Maladie
Vous êtes installé définitivement au Portugal

Vous êtes retraité du régime général, pour obtenir la prise en charge des soins que vous réalisez au Portugal, vous devez remplir deux conditions :

- être titulaire d'une retraite du régime général
- vivre à long terme dans un pays de l'Union européenne ou dans un pays ayant signé une convention comportant des dispositions en matière de droit aux soins de santé* avec la France

Vous devrez faire une demande d'attestation de droit aux soins de santé auprès de l'organisme de sécurité sociale de votre pays de résidence (S1/E121). Cette attestation, une fois validée, vous permettra de vous faire rembourser vos frais de santé par l'intermédiaire du régime de votre pays de résidence (le Portugal).

À noter :
- Le formulaire E 121/S1 est individuel et nominatif. Si d'autres membres de votre famille vous accompagnent, un formulaire E 121/S1 doit être établi pour chacun d'entre eux.
- Votre caisse d'Assurance Maladie en France reste compétente pour la prise en charge de tous les soins médicaux reçus ultérieurement lors de vos séjours temporaires en France et à l'étranger. C'est également elle qui reste compétente pour vous délivrer, à votre demande, une carte européenne d'assurance maladie (CEAM).

En cas de soins réalisés en France à l'occasion d'un séjour

Vous êtes de retour en France pour un séjour de courte durée, l'intégralité de vos droits à l'assurance maladie vous sera allouée pendant la durée de votre séjour.

Pour faire valoir vos droits, vous devrez vous adresser soit à la caisse d'assurance maladie à laquelle vous étiez affilié à votre dernière adresse fiscale en France, soit auprès de celle du département où se situe votre caisse de retraite. À défaut, vous pouvez vous adresser à la caisse d'assurance maladie de votre lieu de séjour.

Vous bénéficiez de la prise en charge de vos soins médicaux selon la législation et les formalités en vigueur, vous pouvez également utiliser votre Carte vitale si vous avez choisi de ne pas la restituer lors de votre départ. Si vous devez faire l'avance des frais médicaux, vous devrez faire une demande de remboursement à la caisse d'assurance maladie désignée selon les modalités suivante.

Déclarer votre changement de situation à votre caisse de retraite

Changement d'adresse

Suite à votre changement de lieu de résidence fiscale, vous allez percevoir votre retraite directement au Portugal. Il est impératif de signaler votre nouvelle adresse ainsi que le changement de vos coordonnées bancaires. Cette modification se fait directement sur votre **espace personnel.**

Légalement vous pouvez percevoir votre retraite sur votre compte bancaire français ou demander le virement directement sur votre compte bancaire à au Portugal.

À NOTER : SI VOUS PERCEVEZ L'ALLOCATION DE SOLIDARITÉ AUX PERSONNES ÂGÉES (ASPA) OU L'ALLOCATION SUPPLÉMENTAIRE D'INVALIDITÉ (ASI), CES PRESTATIONS SONT SOUMISES À CONDITION DE RÉSIDENCE EN FRANCE.
ELLES NE VOUS SERONT PLUS VERSÉES SI VOUS VOUS ÉTABLISSEZ VOTRE RÉSIDENCE HORS DE FRANCE. À VOTRE RETOUR EN FRANCE, VOUS POURREZ DÉPOSER UNE NOUVELLE DEMANDE.

Le certificat d'existence

Vous voici installé au Portugal, vous percevez une retraite du régime général de la Sécurité sociale (personnelle ou de réversion), chaque année votre caisse de retraite vous adressera un *certificat d'existence.*

Vous devrez obligatoirement y répondre, le certificat d'existence devra être complété par l'autorité locale compétente de votre lieu de résidence (ex. : mairie). Vous devrez ensuite l'envoyer à votre caisse de retraite.

Le portail **public info-retraite.fr** vient de lancer "**Ma retraite à l'étranger**". Ce service en ligne vous permet de recevoir et de renvoyer votre certificat d'existence directement par internet.

En quoi le certificat d'existence est obligatoire

Quand vous êtes un retraité expatrié, il est primordial de pouvoir prouvé à vos/votre caisse de retraite que vous êtes toujours en droit de percevoir votre pension. Si vous ne le faites pas dans les trois mois après l'envoi de votre certificat, votre pension est suspendue. Le faite de pouvoir effectuer cette démarche de façon dématérialisée vous permettra d'avoir un échange plus sécurisé et rapide et d'ôter tout doute concernant l'envoi et la bonne réception du courrier par votre/vos caisses de retraite.

Comment déclarer et envoyer votre certificat d'existence

Pour procéder à votre déclaration en ligne, il vous suffit de vous rendre sur votre compte retraite sur le site info-retraite.fr (dans votre espace personnel) au moment de renouveler votre certificat. Vous y trouvez un document prérempli avec votre numéro Insee, votre nom de famille et votre prénom. À l'intérieur de ce document vous y retrouverez également toutes les pensions en cours de paiement, bien sûr si vous êtes affilié à plusieurs régimes, il est important que vous preniez-le temps de vérifier que l'ensemble de vos régimes y sont bien recensés.

Si au moment où vous vous connectez, le document n'est pas disponible au téléchargement, vous aurez la possibilité de programmer une alerte. Bien entendu la procédure par courrier reste d'actualité, même si elle est plus contraignante.

Une démarche reste obligatoire

Malheureusement, une démarche ne peut et ne sera jamais dématérialisée, nous faisons référence bien entendu à la validation du document auprès des autorités compétentes. Celle-ci est indispensable pour prouver que vous êtes toujours en vie. Vous n'aurez à faire valider le certificat d'existence une seule fois étant donné que toutes vos caisses de retraite seront identifiées sur le certificat.

Une fois le document signé par les autorités compétentes, il ne vous restera plus qu'a le scanner et le renvoyer via le service en ligne.

ATTENTION : SI VOTRE CAISSE DE RETRAITE NE REÇOIT PAS LE JUSTIFICATIF D'EXISTENCE, ELLE SERA DANS L'OBLIGATION DE SUSPENDRE LE PAIEMENT DE VOTRE RETRAITE.

Les contributions sociales

Vous êtes fiscalement installé sur le territoire portugais, cela signifie que votre retraite ne sera plus soumise à l'impôt sur le revenu et encore moins soumisse à la *contribution sociale généralisée* (CSG), à la *contribution pour le remboursement de la dette sociale* (CRDS), ni à la *contribution de solidarité pour l'autonomie* (Casa).

En contrepartie vous devrez vous acquitter d'une cotisation d'assurance maladie, qui sera prélevée sur votre retraite. En effet, en tant que titulaire d'une retraite française, vous relevez en principe du régime français d'assurance maladie.

Si vous êtes par exemple de nationalité portugaise et que votre durée d'assurance retraite en France est au moins de 15 années, cette cotisation d'assurance maladie vous sera également prélevée, car vous relevez du régime français d'assurance maladie.

Dans le cadre de la coordination européenne et de résidence dans l'un des pays de la zone d'application des règlements communautaires, la cotisation d'assurance maladie est prélevée si les soins de santé sont à la charge d'un régime français d'assurance maladie.

IMPORTANT : IL NOUS SEMBLE IMPORTANT DE VOUS RAPPELER QUE VOUS NE POUVEZ ÊTRE DOMICILIÉ FISCALEMENT QUE DANS UN SEUL PAYS.

Vous déclarez encore vos revenus en France

Chaque année, pour simplifier vos démarches, l'assurance retraite transmet directement à l'administration fiscale votre montant imposable au titre de la retraite du régime général. Ce montant est reporté sur votre déclaration de revenus préremplie. Vous avez la possibilité de retrouver ce montant en vous connectant à votre

Vous ne percevez plus vos revenus en France

Pour justifier de vos revenus perçus au titre de la retraite du régime général français, téléchargez une attestation de paiement en vous connectant à votre espace personnel. Cette attestation est contractuelle et recevable par les autres administrations.

Faut-il adhérer à la CFE ?

Non, ceci n'est pas une obligation. La Caisse des Français à l'Étranger (CFE) est une option valide dans la plupart des cas d'expatriation.

En ce qui concerne le Portugal, dans le cadre du statut de RNH, il n'est pas nécessaire pour les retraités français d'adhérer à la CFE. Cependant la CFE peut représenter un intérêt dans des cas spécifiques, notamment dans le cas des affections de longue durée. Traditionnellement connue comme étant « **la Sécurité Sociale des expatriés** », la CFE n'est donc pas obligatoire.

En effet, le statut de résident non habituel permet de conserver ses droits à la Sécurité Sociale française, comme nous vous l'avons expliqué juste avant. De plus les démarches pour bénéficier de la sécurité sociale française au Portugal sont gratuites, au contraire de l'adhésion à la CFE qui est payante. Les frais s'élèvent à 4,2 % de la pension de retraite.

Couverture maladie des retraités expatriés français

L'article 52 du PLFSS 2019 modifie la réglementation en matière de couverture maladie des retraités non-résidents. Ils devront à partir de maintenant être dans l'obligation de pouvoir justifier de 15 années d'assurance en France. Ceux-ci pour bénéficier de la couverture maladie pour les soins inopinés ou programmés lors de leur retour en France.

Êtes-vous concernés par ce changement ?

Les retraités qui résident dans un pays ayant un accord communautaire et qui bénéficient de convention de sécurité sociale « maladie » spécifique ne sont pas concernés par cette mesure.Pour les autres retraités, **à compter du 1er juillet 2019, date d'entrée en vigueur de la mesure, il faudra justifier de 15 ans de durée d'assurance.**

Comment est calculée la période de 15 ans

La durée de 15 ans sera décomptée tous régimes confondus en France uniquement. Les trimestres validés par le biais d'une convention ou des accords communautaires ne seront donc pas pris en compte. Les trimestres de MDA (Majoration de Durée d'Assurance pour enfants), plus souvent appelés « trimestres pour enfants » seront pris en compte, il en va d'ailleurs de même pour les trimestres dits « assimilés », soit les trimestres validés au titre du service national militaire, des périodes de chômage ou de maladie ayant donné lieu au versement d'une indemnité journalière.Les trimestres rachetés devraient l'être également, mais seulement en cas de rachat en option 2 (rachat pour le taux et la durée).

Cotisation à la CFE maladie à compter de 2019

Si vous avez cotisé plus de 15 années en France

Les retraités expatriés qui continuent à bénéficier de la prise en charge des soins lors des séjours en France (plus de 15 années de cotisation) peuvent adhérer, en complément, à « RetraitExpat Santé » dans le cadre du contrat solo ou du contrat famille (dans ce cas le conjoint doit également bénéficier de la prise en charge en France avec 15 années de cotisation) pour le remboursement de leurs frais à l'étranger.Le tarif est de 357 € / trimestre (solo) et de 648 € / trimestre (famille).

Si vous avez cotisé moins de 15 années en France

Les autres retraités (moins de 15 ans de cotisations) auront accès à « MondExpat santé » qui concernent l'ensemble des expatriés sans distinction de statut (salarié, TNS, inactif, étudiant) et couvrent les frais de santé en France et à l'étranger. Le tarif forfaitaire dépend de l'âge du titulaire du contrat.Le tarif pour la tranche d'âge + de 60 ans est de 600 € / trimestre (solo) et 1 071 € / trimestre (famille) ; ce tarif inclut l'option soins en France de 3 à 6 mois.

CE LOGÉ AU PORTUGAL

Le marché immobilier au Portugal

S'il y a bien un sujet qui doit retenir toute votre attention avant même d'entamer votre expatriation au Portugal, est de connaître le processus de location ou d'achat d'un bien immobilier pour trouver le logement de ses rêves n'est pas forcément difficile en soi, mais les spécificités et originalités du marché immobilier portugais peut parfois virer au cauchemar avant même d'avoir commencé.

De nombreux acheteurs s'intéressent à la Costa de Prata au nord de Lisbonne et l'Algarve, bien que l'Algarve ait connu un développement important ces dernières années avec la construction de nombreuses stations balnéaires haut de gamme, des terrains de golf et de grands hôtels, d'autres parties de la côte sont moins construits et dans certains cas encore très sauvages.

À l'intérieur des terres, le Portugal offre des paysages merveilleux, des collines accidentées et des vignobles du nord du pays. Au sud des collines plus douces, parsemées d'oliviers et de figuiers.

Le Portugal comprend également deux enclaves, l'île de Madère et les îles Açores, avec leurs propres microclimats et des marchés de l'immobilier tout à fait distincts.

Chaque nationalité a tendance à avoir des préférences différentes quand il s'agit d'acheter. Beaucoup de Britanniques achètent en Algarve, bien qu'une grande minorité préfère acheter des propriétés rustiques. Les Français et les Brésiliens se dirigent souvent vers Porto, tandis que les acheteurs allemands sont bien représentés à Faro et à Lisbonne.

Quant aux acheteurs chinois, ils sont particulièrement intéressés par l'opportunité qu'offre le « Golden Visa », donnant un accès à l'UE. Le Portugal est la cinquième destination choisie par les Chinois. Constituant 80 % des acheteurs dans le cadre de ce régime, ils achètent le plus souvent des appartements gérés à Lisbonne comme de simples investissements. Les acheteurs russes, par contre, ont tendance à regarder vers Cascais et Estoril.

Pourquoi aller vivre au Portugal ?

En premier lieu, le Portugal offre deux régimes intéressants pour les acheteurs étrangers, le Golden Visa et le statut de résident non habituel qui permet un avantage fiscal de dix ans pour ceux qui deviennent des résidents portugais.

Deuxièmement, le Portugal n'a pas connu le même développement rapide suivi d'une crise comme en Espagne, avec pour résultat, un marché de l'immobilier encore réguler, et encore relativement bon marché. Le marché des biens anciens à également la côte, les célèbres « Casa de campo » (maison de campagne) sont autant recherchées par les familles portugaises qui veulent y passer le week-end ou avoir une résidence secondaire d'été que par les acheteurs étrangers. Si vous achetez dans un rayon de deux ou trois heures de route de Lisbonne ou Porto, ce seront les biens les plus vendeurs.

Les rendements sur investissement restent élevés, vous pouvez obtenir entre 6 et 7 % à Lisbonne ou même encore Porto, dans le cadre d'un rendement locatif de courte durée.

Le climat est un des grands attraits, mais n'oubliez pas que le nord-est plus brumeux, et l'Atlantique garantit une quantité généreuse de pluie et la culture distincte du pays en est un autre.

Les villages aux façades blanches, les églises baroques aux façades de carreaux font de la vie au Portugal un délice visuel, tandis que le Pasteis de nata (gâteau à la crème), le vinho verde, les excellents fruits de mer et les ragouts copieux feront des gourmands heureux. Ajoutez à cela le fait que les Portugais savent vraiment organiser une fête, chaque ville a son propre festival et une impressionnante et inespérée infrastructure internet avec Wifi gratuit partout, le Portugal devrait rapidement grimper en tête de votre liste de destinations européennes !

Les prix de l'immobilier au Portugal

Jusqu'à récemment, le Portugal semblait être épargné par le boom immobilier européen. Cette impression n'a pas duré bien longtemps, selon Eurostat, en 2018 le pays a connu la quatrième plus forte croissance des prix en Europe, derrière l'Estonie, la Lituanie et la République d'Irlande. Les prix des biens étaient au plus bas en 2014, au dernier trimestre de 2017 les prix ont augmenté de 10,5 % sur un an, et au premier trimestre de 2018 a connu une accélération pour atteindre 12,2 %. En 2019, les prix ont progressé de 20%. L'année 2020 semble pour le moment stagner.

Bien que l'intérêt des acheteurs étrangers soit soutenu, la demande domestique est-elle aussi très forte, au dernier trimestre 2018 IMPIC à enregistrer plus de 38 000 transactions s'il y a encore quelques années en arrière, la hausse des prix ne touchait que le sud du Portugal, la hausse des prix se généralise dans tout le pays.

Confidencial Imobiliário montre que chaque municipalité a déclaré une augmentation des prix de l'immobilier sur l'année 2019

Selon les dernières données de l'Institut national de la statistique (INE), le prix de vente des maisons au Portugal a augmenté de plus de 16 % depuis le début de 2016. Les prix de vente à Lisbonne et Porto sont eux beaucoup plus élevés, avec 47 % et 34 % de hausse respectivement.

Augmentation des prix de l'immobilier portugais

2014 a été l'année du grand tournant avec un rythme de vente équivalant en une année à 5 ans d'activité.

Les premiers arrivés ont été les premiers servis et surtout, la clientèle de 2013 et 2014 a été une clientèle pour qui l'exonération fiscale était un critère primordial, avec à la clé une forte économie d'impôt, car de forts revenus. Cette clientèle, souvent d'affairistes, de cadres supérieurs, de professions libérales a rapidement envahi le marché immobilier portugais.

Avec des budgets supérieurs en moyenne à ceux rencontrés aujourd'hui, et des critères souvent plus larges (200 à 300 000 euros pour un appartement 2 chambres, 450 à 600 000 euros pour les villas) elle a aussi profité d'une offre bien plus importante.

En 2017, fin 2016, le budget moyen de la clientèle française a baissé (200 000 pour un 2 chambres, 350 000 euros pour une villa) et en même temps l'offre a diminué, les ventes s'étant succédé depuis 2013 !

Nous avons souvent à faire à une clientèle ayant toujours un intérêt fiscal à venir au Portugal, mais surtout une volonté de ne plus vivre en France pour des raisons de sécurité, de paix sociale et de stabilité.

Les prix ont augmenté au Portugal de 12,9 % en 2017, soit plus de 30 % en 3 ans. Et cette hausse est portée par l'Algarve, Lisbonne et Porto !

En même temps, cette nouvelle clientèle s'appuie souvent sur des expériences de connaissances ayant investi au Portugal au bon moment, de reportages souvent obsolètes sur le marché immobilier portugais ou encore, d'avis sur des forums ou d'informations erronées sur Internet.

La réalité du marché est pourtant simple et il suffit de venir sur place faire des visites pour s'en rendre compte par soi-même.

Finis les vues de mer bon marché, les villas en bord de mer pour le prix d'un appartement sur la Côte d'Azur ou les maisons cubiques pour 300 000 euros.

Si vous cherchez une vue mer, vous la paierez : L'Algarve est une plaine avec au Nord une petite chaîne de collines (le Barrocal), peu de relief en bord de Mer donc peu de vues. Tout le monde la veut, elle impacte le prix d'un bien d'environ 30 %. Même avec de très bons budgets, beaucoup d'acquéreurs doivent y renoncer devant la rareté de celle-ci.

Si vous voulez être à pied de la plage, vous le paierez aussi : le proche bord de Mer est plutôt réservé aux complexes touristiques. Les résidences d'habitation où les maisons/villas sont de plus en plus chères au fur et à mesure que l'on s'approche de la mer, comme en France, et avec des terrains plus petits, des zones d'habitation plus dense (une villa avec un grand terrain sans vis-à-vis à 5 minutes à pied de la plage est aussi chère qu'au sud de la France).

Si vous voulez du neuf, il est rare et cher : arrêt de la construction de 2008 à 2015, nouveaux programmes orientés haut de gamme, souvent vendu très rapidement sur plan. Par contre, la construction et les finitions au Portugal sont supérieures à la France en général pour les biens de 10-12 ans.

Si vous voulez du moderne cubique, vous aurez le choix entre quelques projets dans des lotissements avec de petits terrains ou bien de belles villas de luxe pour les plus hauts budgets. Il n'y a rien entre les deux. Ce style n'est pas local et les mairies veulent conserver le caractère de la région, les permis pour le cubique sont donc rares.

Si vous voulez du plain-pied, l'offre a toujours été faible pour des raisons d'occupation des sols et de coefficient d'implantation qui forcent les constructeurs à faire un étage pour profiter au maximum des m2 possibles. Les plain-pieds se sont arrachés entre 2013 et fin 2014.

Si vous voulez un bien immobilier à Lisbonne, capitale la plus courue de l'Europe depuis 2 ans, aussi bien pour les investisseurs (tourisme, entreprises) que par les retraités, il va de soi que les prix restent ceux d'une Capitale européenne d'un pays en plein boom, pas d'une ville de province d'un pays du pays en difficulté.

Un marché immobilier qui se reprend après une crise rebondie aussi fortement qu'il a pu baissé et plus encore si les mesures qui sont à l'origine de cette reprise sont aussi exceptionnelles que de transformer un pays comme seul paradis fiscal pour retraités d'Europe !

Il n'y en a pas que pour la retraite au Portugal, c'est sans parler des mesures attractives concernant les professions à forte valeur ajoutée intellectuelle, les implantations de sociétés étrangères ou encore les investisseurs russes, chinois ou brésiliens voyant dans le Portugal, une porte d'entrée sur l'Europe et un des rares pays ayant une vraie stabilité.

Inutile de parler aussi des l'augmentation fulgurante du tourisme au Portugal (où aller aujourd'hui en vacances sans risques ! Et quelle publicité que tous ces reportages depuis 4 ans !), accompagnée par des bénéfices fiscaux importants sur les revenus des loyers saisonniers pour les investisseurs.

Le marché immobilier à t-il baissé suite au Covid-19

Non ! Cela va sûrement vous déplaire, mais c'est la stricte vérité, le marché immobilier n'a subi aucune baisse de prix suite à la pandémie du Covid-19. Le site Imovirtual, l'un des leaders du marché dans la mise en relation entre agence immobilière et client à publier début septembre une note informative à destination de ses clients professionnels leur indiquant que les prix du m2 à la vente étaient identiques à la période pré-covid-19.

Cependant, ce qui à changer est le type de produit, aujourd'hui une forte demande sur les maisons avec jardin voie le jour, les citoyens portugais ont tendance à déserter les centres-ville pour s'installer dans les proches banlieues, il faut dire que la longue période de confinements que nous avons vécus au Portugal en 2021 à poussé les gens à déménager.

Concernant le marché locatif, les logements de type appartement T1 et T0, subissent une baisse de loyer. Cette baisse de loyer est due avant tout à l'arrivée sur le marché locatif de produit qui avant l'arrivée du Covid-19 était disponible uniquement en logement local.

Début octobre 2020, le journal Expresso à publier un article indiquant que le marché immobilier au Portugal était reparti à la hausse sur le même rythme qu'avant la période de la pandémie, la chose assez étonnante c'est que cette hausse de prix n'est pas liée à une hausse de la demande de logement.

Peut-on faire un prêt immobilier quand on est à la retraite ?

L'âge n'est en rien un frein, vous pouvez tout à fait faire une demande de prêt immobilier auprès d'une banque portugaise en étant retraité.

En règle générale, les banques portugaises vous autorisent à avoir un crédit immobilier jusqu'à l'âge de 75 ans. Pour mettre toutes les chances de votre côté, il faudra être en capacité de réaliser un apport minimum de 20 % à 25 % de montant que vous souhaitez emprunter.

Il est important de savoir qu'au Portugal, les taux fixes sont très peu utilisés. Les banques ont recourt aux taux variables, qui peut être capés, indexé sur l'Euribor.

Avant que la banque vous accorde un prêt, elle va procéder à l'estimation de la valeur réelle du bien que vous souhaitez acheter. Comprenez par la qu'elle veut être certaine qu'en cas de non-paiement du prêt par le souscripteur que la mise en vente du bien par la banque couvrira le prêt.

Comptez un délai de 2 à 3 mois pour la demande et l'obtention du crédit, il faudra prendre en compte ce délai au moment de la rédaction du compromis de vente.

IMPORTANT: L'ÉVALUATION DU BIEN IMMOBILIÈRE N'EST PAS RÉALISÉE PAR LA BANQUE ELLE-MÊME, MAIS PAR UN EXPERT INDÉPENDANT. POUR RÉALISER SON ÉVALUATION, IL PRENDRA EN COMPTE, LA VALEUR DU MARCHÉ, L'ÉTAT DU BIEN IMMOBILIER (ISOLATION, PRESTATION PROPOSÉE, TRAVAUX ÉVENTUELS, ISOLATION, ETC.). TRÈS SOUVENT L'ÉVOLUTION EST INFÉRIEURE À LA VALEUR DE MISE EN VENTE FAITE PAR LES AGENCES IMMOBILIÈRES. NOUS VOUS ENCOURAGEONS À VOUS SERVIR DE CETTE ÉVALUATION POUR RENÉGOCIER LE PRIX D'ACHAT.

Nous vous proposons l'exemple ci-dessous pour que rendre nos explications plus compréhensives.

Exemple:

Le prix de vente de la maison est de 240 000 €, la banque évalue la maison à 220 000 €. Elle vous prête donc 80 % de la valeur estimée, soit 176 000 €. Vous devrez donc faire un apport de 64 000,00 € soit un peu moins de 30 %.

Bien entendu si l'évaluation du bien est inférieure au prix d'achat, votre apport personnel devra être plus important.

Les frais bancaires pour une demande de prêt

Nous vous proposons un exemple concret comprenant les frais liés à un emprunt, le contrat a été signé en 2019 pour une valeur de 118 500,00 € avec un emprunt bancaire (80 %) soit 102 200,00 €

FRAIS LIÉS A L'EMPRUNT	PAIEMENT
Frais d'expertise de la maison (obligatoire)	196,80
Frais d'emprunt	100,00
Total	296,80

Les prêts immobiliers au Portugal font aussi l'objet de rigoureux critères d'accessibilité. Votre échéance de prêt ne doit pas représenter plus de 30 à 35 % de vos revenus mensuels nets. Il n'existe pas de prêt de type « acheter pour louer » au Portugal, de sorte que les revenus de location ne seront pas pris en compte dans l'évaluation de votre prêt, seulement vos revenus propres.

Vous constaterez aussi que certains types de biens immobiliers ne sont pas faciles à financer avec un prêt. Les biens rustiques, en particulier lorsque d'importantes rénovations sont nécessaires (ruine), restent difficiles à financer. Dans ce cas, une hypothèque sur votre résidence existante est probablement la meilleure route à prendre.

N'oubliez pas de prendre en compte dans votre calcule les droits de timbre, l'IMT et IMI, bien entendu ces 3 taxes ne peuvent pas être financées.

Quels documents devrez-vous fournir à la banque

La première des choses à faire est d'ouvrir un compte bancaire. Ensuite, pour évaluer la demande d'emprunt, on vous demandera une copie des éléments suivants :

- Cartes d'identité
- Votre numéro de contribuable portugais
- Avis d'imposition
- Les 3 derniers relevés de compte de tous nos comptes bancaires (des banques portugaises et étrangères)
- Compromis de vente
- Predial du bien immobilier
- Certidao permanente
- La licence d'habitation (licença de utilização)
- Le plan du logement et sa localisation (Planta de Habitação e localização)
- La fiche des données du logement (Ficha técnica de habitação)
- Un certificat énergétique.
- Certificat de non-préemption (si le bien se situe dans une zone classée)

Le rôle du notaire au Portugal

Avant toute chose, il faut garder à l'esprit que le Portugal est membre de l'Union européenne depuis 1986 et que le droit civil portugais est très proche du droit civil français.

En effet, alors que l'article 1er de l'ordonnance du 2 novembre 1945 relative au statut du notariat français dispose que : « les notaires sont les officiers publics établis pour recevoir tous les actes et contrats auxquels les parties doivent ou veulent faire donner le caractère d'authenticité attaché aux actes de l'autorité publique », le Statut du Notariat portugais en donne une définition très proche (Estatuto do Notariado – Decreto Lei n° 26/2004 de 4 de Fevereiro).

AINSI, AU PORTUGAL COMME EN FRANCE, LE NOTAIRE EST UN JURISTE, INVESTI D'UNE MISSION D'AUTORITÉ PUBLIQUE, QUI PRÉPARE DES CONTRATS SOUS LA FORME AUTHENTIQUE ET QUI EXERCE SES FONCTIONS DANS UN CADRE LIBÉRAL.

Que pouvez-vous attendre d'un notaire au Portugal ?

Tout comme en France, le notaire portugais est soumis à un devoir de **probité et de rigueur** quant aux exigences juridiques, notamment sur l'authenticité.

Le notaire est soumis au **secret professionnel** : les informations qui lui sont transmises dans l'exercice de ses fonctions publiques ne doivent en aucun cas être révélées.

Le notaire est tenu à un **devoir de conseil** : le client attend de son notaire qu'il lui explique les différentes options qui s'ouvrent à lui ainsi que les conséquences des actes qu'il va signer.

Ce devoir de conseil implique **neutralité et impartialité** : le notaire choisi par l'une des parties a une obligation de loyauté envers celle-ci comme envers les éventuels autres cocontractants. De ce fait, la législation portugaise ne lui permet pas de représenter l'un des intervenants ni de participer à d'éventuelles négociations.

Le notaire, un officier public

Le notaire est un officier public, intervenant dans l'ensemble des domaines du droit : famille, immobilier, patrimoine, entreprises, rurales.

Agissant pour le compte de l'État, nommé par le ministre de la Justice, il confère aux actes qu'il rédige un gage de sérieux et d'authenticité. Cela signifie qu'il possède de véritables prérogatives de puissance publique, qu'il reçoit de l'État.

Le notaire, un professionnel de l'authentification des actes

Il a le pouvoir d'authentifier les actes en apposant sa propre signature. Il constate ainsi officiellement la volonté exprimée par les personnes qui les signent et s'engage personnellement sur le contenu et sur la date de l'acte. Le recours au notaire permet de prouver la véracité des actes de façon incontestable, ses actes s'imposant avec la même force qu'un jugement définitif.

Le notaire, garant de la sécurité des transactions immobilières

Le notaire a un rôle essentiel en matière de preuve et de sécurité. Toutefois, pour renforcer la sécurité des transactions immobilières, tout transfert de propriété d'un bien immobilier doit être publié sur les registres officiels (Conservatória do Registo Predial) la charge de cette publication incombant au notaire.

Frais de notaire

Les frais de notaire sont composés :

- Frais d'acte authentique sans hypothèque : 175 € + 0,5 €/page + Timbre fiscal de 0,8 % du prix de vente et éventuellement
- Frais supplémentaires si hypothèque : 142 € + timbre fiscal équivalent à 0,6 % par tranche de 5 ans.

Les frais lors de l'achat d'un bien immobilier au Portugal

Les frais pour le vendeur :
Lors de l'achat d'un bien immobilier au Portugal, les frais d'agence sont payés par le vendeur.

Les frais pour l'acheteur :

En tant qu'acheteur vous aurez à payer l'impôt sur les transmissions immobilières appelées'"IMT », les frais de notaires et éventuellement des frais d'avocat si vous souhaitez faire vérifier les documents et être accompagné jusqu'à la signature chez le notaire ou de solicitadores.

> L'IMT (imposto Municipal sobre a transmissao onorosa de imoveis) a été introduit en 2004 en remplacement du système SISA. Ils viennent d'être augmentés en 2013.

Le coût de l'IMT est différent suivant que ce soit pour l'achat d'une propriété urbaine à usage exclusif d'habitation principale et permanente ou à usage de résidence secondaire.
Concernant les résidents non habituels au Portugal, il conviendra de demander auprès du centre des impôts du lieu où vous souhaitez résider, de confirmer le fait de payer les mêmes taxes que les résidents portugais au titre de l'habitation principale. Car pour le moment rien n'est prévu dans les textes.

Acheter et vendre une maison au Portugal

Au Portugal comme en France, l'achat et la vente d'une maison est soumisse à un acte notarial. Dans un second temps, l'acte notarial est validé avec l'acte d'enregistrement auprès du registre foncier. À partir de ce moment, le bien est enregistré au nom de l'acheteur.

Le processus d'achat et de vente d'une maison au Portugal est extrait simple, les obligations légales sont les suivantes :

· Acquisition de la propriété (La transmission de propriété du bien ou du droit de l'usufruit de la propriété)
· Délivrance de la propriété (L'obligation de délivrer le bien)
· Paiement (L'obligation de payer le montant convenu)

L'achat et la vente d'un bien immobilier est un véritable accord sur le plan l'égal conformément à art. 408° # 1. du Code civil portugais, qui prend effet une fois que la Constitution ou le transfert du droit a eu lieu.

Comme en France, l'acheteur et le vendeur peuvent convenir que la vente peut être soumise à des conditions suspensives, telles qu'une clause de crédit.

BON À SAVOIR: L'ACHAT ET LA VENTE D'UN BIEN IMMOBILIER EST UN CONTRAT DANS LEQUEL EST FAIT UN TRANSFERT DE PROPRIÉTÉ D'UNE CHOSE, POUR UN PRIX DÉFINI - ARTICLE 874.° DU CODE CIVIL.

Analyses des documents du bien immobilier

Avant de procéder à l'achat d'une maison, il est fortement recommandé de vérifier le titre de propriété du bien immobilier. Si vous passez par l'intermédiaire d'une agence immobilière, ils sont en charge de s'assurer que le bien que vous achetez par leur intermédiaire est « sains ». Si vous procédez à la recherche et l'achat sans intermédiaire, nous vous conseillons de procéder aux vérifications suivantes.

Caderneta predial

La « caderneta predial » est le document d'identification du bien. Comprenez par là que c'est sa pièce d'identité. <u>Il est impératif de la réclamer quand un bien immobilier vous intéresse.</u>

La caderneta predial vous informe sur :

- Le lieu d'où dépend le bien
- Que c'est un bien de type « URBANO » c'est-à-dire une construction.

Vous trouvez à travers ce document l'adresse du bien en question ce qui vous permet de voir si le bien visité correspond à celui de la **caderneta predial**.

Vous trouverez dans un second temps les éléments permettant la description du bien.

Cette partie est aussi très importante, car elle vous apprend si le bien est déclaré en totalité ou pas et si c'est un commerce, une habitation, un garage ou autres.

- Vous y trouverez également les surfaces d'habitation, attention au Portugal l'agent immobilier à tendance à agrandir le bien pour justifier un prix plus élevé.
- Si vous êtes acheteur, assurez-vous que le prix est en fonction des m2 construits sur la predial.
- Vous trouverez aussi le calcul qui justifie la valeur patrimoniale du bien. C'est sur cette valeur qu'est calculé l'impôt (IMI).
- Vous trouverez également les coordonnées pour propriétaire du bien

À noter que les agences immobilières refusent souvent de vous montrer la predial, de crainte que vous traitiez directement avec le propriétaire. Sachez que vous êtes dans vos droits en demandant un droit de regard sur ce document avant de valider votre proposition.

Les éléments essentiels à connaître :
- La dénomination
- Vérifier que la predial que l'on vous montre correspond bien au bien visiter.
- Les mètres carrés du bien
- Le propriétaire si vous traitez hors agence. (Si vous achetez par l'intermédiaire d'une agence, ils ont obligatoirement vérifié que le bien est vendu par son propriétaire.

- La licence d'habitabilidade ou utilizaçao (cette licence est émise para la mairie et est obligatoire pour tous les biens construits après le 7/08/1951)
- Le certificat énergétique non obligatoire pour certains cas, mais un document doit être établi dans ce sens.
- Si le bâtiment est une ruine, il faut faire établir un certificat de ruine.

Certidão permanente

La certidao permanente d'un bien est sa deuxième carte d'identité. Ce document vous permet de voir si ce bien a des ONUS ou HYPOTHÈQUE.

La certidao permanente vous informe sur :

- La description du bien, l'adresse et la surface.
- Si le bien a une licence, vous trouverez la date et la mairie qui l'a délivrée.
- Si c'est une propriété « horizontale » ou « totale ».
- Le nom du propriétaire et sa date d'achat.
- Et pour finir les « registres pendants », c'est là où il doit être stipulé les onus ou hypothèques.

Il est vivement conseillé si vous traitez sans agence immobilière de demander ce document actualisé avec une date récente (vous trouverez la date et heure en bas du document). Exiger que ce document date de 24 heures avant passage chez le notaire, cela vous évitera d'acheter un bien à problème.

Explication et exemple :
Propriété « horizontale » ou « totale »

- Propriété horizontale peut être un immeuble ou une maison qui est découpée en plateau.
Ce qui veut dire que si vous achetez un bien avec une grande surface afin de le revendre en appartement, dans ce cas-là vous le pourrez sans problème.

- Propriété « totale » peut être un immeuble ou une grande maison qui n'a pas été prévue à l'origine pour être vendue en appartement.

Donc vous ne pourrez pas le revendre en appartement sauf si vous faites les démarches en mairie et ensuite chez le notaire. (démarches payantes et parfois compliquées)

Beaucoup d'immeubles anciens sont vendus en propriété totale, car souvent c'était des familles qui vivaient ensemble et par conséquent un seul propriétaire.

Exemple d'Onus :
Une maison a été construite sans licence (permis de construire) donc cela sera noté sur la certidao permanente et inscrite normalement sur l'acte d'achat chez notaire.
Le notaire précisera que l'acheteur est au courant et s'oblige a faire le nécessaire pour régulariser le bien qu'il achète.

Exemple d'hypothèque :
Sur la certidao permanent il est indiqué qu'il y a une hypothèque, assurez-vous que l'hypothèque sera levée le jour de la vente chez le notaire. Normalement, le notaire ne peut pas faire l'acte sans la levée d'hypothèque, mais certains notaires vous demandent de vous acquitter des taxes dans un service de finances 24 heures avant le passage chez le notaire.
Si vous payer les taxes et que l'hypothèque n'est pas levée, le notaire ne pourra procède a la vente et vous devrez demander par écrit avec l'aide d'un justificatif le remboursement auprès du service des impôts auquel vous avez payé.

Licence d'habitation

La licence ou « alvara de utilizaçao est délivrée par la mairie (camara) d'où dépend le bien.
La licence d'habitation vous donne les informations suivantes :
· Nom et identification de la personne
· Adresse du bien
· Éléments de la prédiale (numéro de registre, numéro d'article, numéro de licence de construction, date à laquelle a été délivré la licence de construction et en faveur de qui (particuliers ou société).
· Les biens qui ont l'autorisation (maison, garage, annexe)
· L'ingénieur responsable du chantier de construction et son numéro
· L'architecte qui a fait le projet et son numéro

La fiscalité immobilière au Portugal

L'acquisition d'une résidence principale ou d'une résidence secondaire est soumise à la fiscalité immobilière au Portugal. Il existe 3 types d'impôts différents, l'impôt municipal sur l'immobilier (IMI), l'impôt municipal sur le transfert immobilier (IMT) et l'impôt de timbre (IS).

Chaque impôt est différent et possède ses propres caractéristiques et modes de calcul.
Il est important que vous sachiez que le Portugal est le pays le moins complaisant, concernant l'omission de payement des taxes et impôts. En cas d'omission ou d'erreur dans le règlement de ces taxes, vous encourez de grosses pénalités.

IMT - impôt municipal sur les transactions
IMPOSTO MUNICIPAL SOBRE À TRANSMISSAO ONEROSA DE IMOVEIS

Vous devrez vous acquitter de cette taxe pour toute transaction d'achat et de vente d'un bien immobilier. Cette taxe est à payer pour chaque transaction (achat ou vente) effectuée au Portugal. Elle est calculée sur la valeur patrimoniale fiscale ou sur la valeur déclarée dans l'acte de vente (le montant le plus élevé est retenu). Vous devez également soustraire l'abattement fiscal correspondant aux caractéristiques du bien et de l'acquisition.

Montant imposable et taux

L'IMT est calculé sur la base du montant déclaré ou de la valeur fiscale du bien immobilier, le montant le plus élevé étant retenu.

Types d'acquisitions : « Habitaçao propria e permanente » (résidence principale)

TABLEAU SIMPLIFIÉ À JOUR EN MARS 2020		
REVENUS IMPOSABLE	**TAUX**	**ABATTEMENT**
A partir de 92 497,00€	0 %	0,00 €
Entre 92 407,00€ et 126 403,00€	2 %	1 849,14 €
Entre 126 403,00€ et 172 348,000€	5 %	5 640,23 €
Entre 172 348,000€ et 287 213,00€	7 %	9 087,22 €
Entre 287 213,00€ et 574 323,00€	8 %	11 959,22 €
Au-dessus de 574 323,00€	6 %	0,00 €

Exemption de IMI est-elle possible ?

Il est effectivement possible de bénéficier d'exonération de l'IMT sous certaines conditions. La première des conditions, est que le bien acheter soit voué à être votre résidence principale, la valeur d'achat ou fiscale ne doit pas dépassé le 92 497,00 euros (comme indiqué dans le tableau ci-dessus).

Droit de timbre
IMPOSTO DE SELO

Le droit de timbre devra être payé pour tout achat immobilier (résidence principale ou secondaire) lors du passage chez le notaire. Vous devrez également vous acquitter de cette taxe même si vous mettez l'un de vos biens en location.

Le calcule du droit de timbre s'effectue de la manière suivante:

Valeur fiscale du bien ou valeur d'achat (prendre le montant le plus élevé) x le taux

FAIT GENERATEUR DE LA TAXE	TAUX
Achat onéreux ou par donation de biens immobiliers	0,8 %
Location ou sous-location (sur la base d'un mois de loyer)	10 %

Droit de timbre sur les crédits immobiliers

Si vous faite l'achat pas l'intermédiaire d'un crédit immobilier, vous devrez également vous acquitter du droit de timbre sur le montant que la banque vous a financé. Le règlement de cet IS sera également à payer le chez le notaire le jour de la signature de l'acte d'achat.

Durée supérieure à 5 ans: le taux du droit de timbre est de 0,60 %
Durée inférieure à 5 ans: le taux du droit de timbre est de 0,50 %

Le calcule du droit de timbre s'effectue de la manière suivante:
Valeur du crédit x le taux

IMI Impôt municipal sur les biens immobiliers

IMI est une taxe qui est prélevée sur la valeur de l'impôt foncier du bien immobilier, il doit être payé chaque année, le montant de est fractionné en 3 échéances d'un montant égales.
Nous pourrions comparer IMT à la taxe foncière en France.

Exemption de IMI est-elle possible ?

Il est possible d'être exempté d'IMI sous certaines conditions, plus exactement sous deux conditions qui sont les suivantes:

Exemption temporaire: Dans le cas où un bien immobilier est acheté à titre de résidence principale et que la valeur est égale à 125 000,00 euros et le revenu imposable de votre foyer est inférieur à 1 5 330 euros. Vous pourrez bénéficier d'une exemption de l'IMI et cela pour une période de trois ans.

Exemption à vie: Vous pouvez bénéficier d'une exemption à vie à condition que vos revenus imposables annuels de votre foyer ne dépassent pas 15 295 euros, ce qui représente 2,3 fois la valeur annuelle de l'indice de soutien social de référence de 475 euros par mois.

Qui est assujetti au payement de l'IMI: Toute personne physique ou morale qui, au 31 décembre de chaque année, est propriétaire, usufruitiers de biens immobiliers, qu'ils résident ou non sur le territoire portugais.

IMPORTANT: LES DEMANDES D'EXEMPTION DOIVENT OBLIGATOIREMENT ÊTRE FAITES AUPRÈS DES FINANCES PORTUGAISES AVANT L'ACHAT DU BIEN IMMOBILIER. TOUTE DEMANDE FAITE APRÈS L'ACHAT NE POURRA ÊTRE PRISE EN COMPTE.

NOTE UTILE:

_____

_____

_____

_____

_____

_____

_____

_____

_____

_____

_____

_____

_____

Le processus pour acheter un bien immobilier

La loi prévoit que le contrat de vente d'un bien immobilier doit être célébré par acte public authentifié par un notaire, vous pouvez également si les deux parties sont d'accord établir l'acte d'achat par l'intermédiaire d'un avocat. Attention toute fois, ce procéder engage des frais inutiles et supplémentaires et ralentis la procédure d'enregistrement auprès du registre foncier.

L'acte est habituellement fait entre l'acheteur et le vendeur. Dans le cas où vous auriez recours à un financement, un représentant de votre banque sera présent pour procéder à l'hypothèque.

Contrat de promesse d'achat et de vente au Portugal

Avant d'acheter un bien, le « **Contrato de Promessa de Compra e Venda** », qui équivaut au compromis de vente en France. Peut être opportun dans des situations où il existe l'intérêt de s'assurer de l'acquisition du bien, même si toutes les conditions ne sont pas encore réunies pour l'acte final, par exemple la mise en place d'un financement.

Sachez que, lors du compromis de vente, il faudra laisser un acompte entre 20 et 25 % de la valeur du bien, à défaut du règlement de cet acompte le **Contrato de Promessa de Compra e Venda** ne pourra être validée.

Quel document vous faut-il

En tant qu'acheteur d'un bien immobilier, vous devrez fournir les éléments suivants au notaire qui sera en charge d'enregistrer la vente.
Si vous êtes une ou des personnes individuelles
· Carte d'identité ou passeport
· Numéro de contribuable
· État matrimonial (marié, veuf…)
· Type du contrat de mariage (séparations de biens…)
· Origine (lieu de naissance…)

Que se passe-t-il s'il y a rupture du compromis de vente

Les conséquences de non-réalisation du compromis de vente sont définies de manière très claire dans le contrat. En cas d'absence de dispositions spécifiques dans le compromis, les règles générales du Code civil s'appliquent. Celui-ci établit les règles applicables suivantes :

· En cas de défaut de paiement de l'acheteur, vous perdrez la totalité de votre acompte, sans recours possible pour les récupérer
· En cas de défaut du vendeur, il a l'obligation de vous rembourser et devra vous payer une indemnisation à la hauteur du montant de votre acompte

Signature de l'acte final chez le notaire

Le grand jour est arrivé et il est l'heure de passer chez le notaire pour finaliser l'opération. Toutes les conditions suspensives liées au compromis de vente ont peut-être levé. Il ne vous reste plus qu'à signer l'acte final chez le notaire et à payer les **droits de timbre ainsi que IMT, également les honoraires du notaire**, sans oublier bien sûr de payer le vendeur.

Le règlement peut être fait de la manière suivante, par l'intermédiaire d'un **chèque visé ou d'un chèque bancaire établie par une banque portugaise,** ou alors par l'intermédiaire d'un virement bancaire qui devra être effectué directement sur le compte du vendeur et ceux-ci 48 h avant de passer chez le notaire.

ATTENTION : LES CHÈQUES BANCAIRES OU CHÈQUES VISÉS DOIVENT OBLIGATOIREMENT ÊTRE FAITS PAR UNE BANQUE PORTUGAISE, LES CHÈQUES FRANÇAIS/BELGES N'ONT AUCUNE VALEUR SUR LE TERRITOIRE PORTUGAIS.

Inscription et enregistrement auprès du registre foncier

Le dossier est en charge après la signature de l'acte de transmettre et procéder à l'enregistrement du bien acheté auprès du registre foncier, comptez un délai de 10 jours pour que l'enregistrement soit définitif.

Le notaire devra également informer les finances portugaises du changement de propriétaire, à partir de ce moment la vous devrez vous acquitter des taxes et impôts adossés au bien immobilier.

NOTE UTILE:

_____

_____

_____

_____

_____

_____

_____

_____

_____

_____

_____

_____

_____

_____

_____

La location d'un bien immobilier au Portugal

Si vous souhaitez louer une maison ou un appartement lors de votre arrivée au Portugal, la première des choses est de pouvoir démontrer que vous avez les revenus nécessaires pour payer votre loyer.

On vous demandera de payer 2 mois de loyer d'avance et de verser 2 mois de caution, qui vous seront bien entendu rendus à votre départ. **Pensez à réaliser un état des lieux** avec photos à votre arrivée, il devra être signé par votre propriété et vous-même. Pour justifier de vos revenus, il vous suffira de fournir une attestation de votre caisse de retraite justifiant de vos revenus annuels.

La durée du contrat devra être de 12 mois minimum, en dessous de cette durée le contrat de location sera considéré par l'administration fiscale portugais comme n'étant un contrat de location de courte durée. Faite très attention, cela pourrait remettre en cause le statut de résident non habituel.

ATTENTION : SI CERTAINS PROPRIÉTAIRES VOUS RÉCLAMENT 1 AN DE LOYER D'AVANCE, NOUS VOUS ENCOURAGEONS À NE PAS DONNER SUITE ET À REPRENDRE VOS RECHERCHES. CE PROCÉDÉ N'EST PAS LÉGAL.

les documents à fournir pour louer un logement :

- Pièce d'identité ou passeport
- Número de contribuinte – NIF (Numéro fiscal portugais
- Attestation de votre caisse de retraite (pour justifier de vos revenus)

Le contrat de location devra être signé en trois exemplaires, dont un exemplaire doit être présenté à l'administration fiscale portugaise par le propriétaire/agence immobilière pour être enregistré et validé.

Le contrat de location

Comme indiqué plus sur cette même page, il est grandement conseiller ode réaliser un état des lieux à votre arrivée et à votre départ, cela évitera tout problème au moment de la restitution de votre caution.

Tous les mois votre propriétaire devra vous délivrer une quittance de loyer après chaque règlement et celle-ci devra comporter votre numéro de contribuable afin de pouvoir déduire vos loyers dans votre déclaration IRS annuelle. À défaut de quittance, il y a de fortes chances que votre propriétaire ne déclare pas la location auprès de l'administration.

Comme en France ou Belgique, une fois le contrat signé, vous devrez souscrire une assurance habitation.

NOTE UTILE

La vente de votre résidence principale et exonération en France

Au moment de votre départ en direction du Portugal, il y a fort à parier que vous n'aurez pas encore mie en vente votre résidence principale ou bien alors que celle-ci ne sera pas encore vendue.
La première question qu'il faut ce poser est de savoir si la vente de votre maison sera soumise a la l'imposition de la plus-value.

La réponse est non enfin sous certaines conditions.

Exonération de la plus-value

Dans la plupart des cas, lorsque vous déménagez avant d'avoir revendu votre résidence principale, une tolérance administrative vous permet de bénéficier de l'exonération d'impôt attachée à la vente de votre résidence principale, même si vous n'occupez plus effectivement le logement à la date de la vente.

Afin de pouvoir en bénéficier, il suffit que vous ayez habité dans votre résidence principale jusqu'à sa mise en vente et que la vente intervienne dans un dit normal. Un délai d'un an étant considéré comme tel par les finances françaises.

Mais un délai plus long n'est pas forcément rédhibitoire si vous apportez la preuve que vous avez tout mis en œuvre pour vendre votre logement, annonces, recours à plusieurs agences immobilières, baisse du prix demandé…

Jusqu'à présent, cette exonération n'était valable que si vous déménagiez en France. Si vous partiez à l'étranger, vous ne pouviez en profiter que si vous aviez vendu votre résidence principale avant votre départ. Si vous n'aviez pas eu le temps ou l'opportunité de la vendre avant, vous ne pouviez alors plus bénéficier de cette exonération. Cependant, sous certaines conditions, une exonération partielle, limitée à la fraction de la plus-value inférieure ou égale à 150 000 euros, pouvait s'appliquer.

Restriction à la liberté de circulation

Si cette différence de traitement entre résidents et non-résidents avait été jugée conforme à la Constitution, le tribunal administratif de Versailles avait considéré, pour sa part, dans un jugement rendu en juin 2018, qu'elle constituait une restriction à la liberté de circulation des mouvements de capitaux, interdite par le traité sur le fonctionnement de l'Union européenne.

La loi de finances pour 2019 vient de mettre fin à cette différence. Elle prévoit que les expatriés peuvent désormais bénéficier de l'exonération attachée à la vente de la résidence principale s'ils s'installent dans un pays de l'Union européenne ou un pays qui a signé une convention fiscale avec la France, à condition que la vente intervienne au plus tard le 31 décembre de l'année qui suit leur départ. Ce qui signifie en pratique qu'une personne qui s'expatrie en début d'année bénéficie d'un délai pouvant atteindre 2 ans pour vendre son ancienne résidence principale en étant exonéré d'impôt.

Attention toute fois, comme pour les résidents fiscaux français, il ne faut pas que le logement soit prêté à un tiers (membre de la famille ou ami), ni loué entre la date du départ et celle de sa vente.

Sous cette réserve, dans la mesure où cette disposition s'applique aux cessions réalisées à compter du 1er janvier 2019, ceux qui se sont expatriés depuis le 1er janvier 2018 sont susceptibles de profiter de cette exonération s'ils revendent leur ancienne résidence principale avant le 31 décembre 2019.

CONDUIRE
AU
PORTUGAL

conduire avec un véhicule étranger au Portugal

Si vous résidez moins de 6 mois/an au Portugal et que votre lieu de résidence fiscale est à l'étranger (France, Belgique, etc.), vous n'avez pas besoin de légaliser votre véhicule.

Dans votre cas, votre adresse fiscale est au Portugal et vous n'avez pas d'autre choix que de procéder à la régularisation de votre véhicule. Les démarches doivent être faites dans les 20 jours, après votre installation et vous disposez de 12 mois à compter de la date de transfert de résidence au Portugal pour demander une exonération du paiement de la taxe sur les véhicules (ISV).

Immatriculer votre véhicule français, belge au Portugal

La régularisation d'un véhicule au Portugal est certainement la procédure la plus pénible et la plus longue. Préparez-vous à passer de longue heure à patienter lors de vos déplacements dans les différentes administrations.

La première chose à faire, c'est de vous rapprocher de votre concessionnaire afin de demander à celui-ci le certificat de votre véhicule (certains constructeurs peuvent vous faire payer ce document)

Avant votre départ de France/Belgique vous devrez demander à la mairie de votre lieu de résidence, **une attestation mentionnant votre date d'arrivé et votre date de départ.** En plus de l'attestation de la mairie, apportez des documents qui prouvent que vous habitiez bien en France/Belgique (factures, EDF, téléphone, Impôts).

Les éléments dont vous avez besoin sont les suivants :

* Numéro de contribuable
* Carte d'identité
* Copie du permis de conduire
* Attestation de la mairie de votre lieu de résidence au Portugal
* Attestation de votre mairie stipulant de façon claire votre date départ de France

- Certidão comprovativa da situação tributária e contributiva regularizada (attestation des finances et de la sécurité sociale, stipulant que nous n'avez pas de dette)
- Preuve de vie sur les 12 derniers mois (EDF, téléphone, sécurité sociale...)

Une fois au Portugal, vous devrez commencer par faire le contrôle technique du véhicule, pour obtenir le certificat d'approbation. Pour cela, il faudra vous rendre dans un centre agréé (Centro de Inspeção Técnicade Veículos). Le coût du contrôle technique est d'environ 75 €.

Pour savoir où se trouve le centre agréé, le plus proche de votre domicile, rendez-vous sur: www.imt-ip.pt/sites/IMTT/ Portugues/Veiculos/PesquisaCentrosInspeccao/Paginas/ PesquisaCentrosInspeccao.aspx

les documents nécessaires lors de votre visite au centre agréé :

- Pièce d'identité ou passeport valable
- Cartão do Contribuinte (Numéro fiscal)
- Permis de conduire
- Le formulaire de l'IMTT (Modelo 9) rempli
- La carte grise du véhicule

Il faudra ensuite, demander l'homologation portugaise du véhicule auprès de l'IMTT (Instituto de Mobilidade e dos Transportes Terrestres – Institut de la mobilité et des transports terrestres), en vous déplaçant dans un des IMTT de votre région.

Documents nécessaires :

- Pièce d'identité ou passeport valable
- Cartão do Contribuinte (Numéro fiscal)
- Permis de conduire
- Le formulaire de l'IMTT (Modelo 9)
- Le certificat de conformité
- La carte grise

Comptez un délai de 3 jours pour obtenir la validation de votre dossier, ce qui signifie que vous devrez retourner à IMTT pour récupérer votre dossier. Une fois en possession de votre dossier validé, il ne vous reste plus qu'à vous rendre aux douanes afin de demander l'exemption de ISV.

L'ISV c'est quoi ?

L'ISV est l'impôt routier, celui-ci est applicable pour tout achat d'un véhicule neuf sur le sol portugais ou lors de la régularisation en douane d'un véhicule d'occasion en provenance d'Union européenne. Les ressortissants d'Union européenne peuvent se voir lors de la régularisation de leur propre véhicule excepté de cette taxe à condition de pouvoir justifier que dans les 12 à 16 mois précédents votre venus sur le territoire portugais vous aviez bien une résidence fiscale dans un pays de l'union européen.

Les conditions d'exemption de ISV

· Avoir vécu pendant au moins 12 mois dans un autre pays de l'UE ou dans un pays tiers. Pour prouver cette période de résidence supérieure à 12 mois (avec une permanence sur le territoire d'au moins 183 jours par année civile), il vous sera demandé de justifier de cette période par la présentation de preuve de vie ainsi que par une attestation de la mairie de votre ancien lieu de vie stipulant clairement votre date de départ.

· Avoir établi sa résidence habituelle au Portugal

· La voiture doit avoir été achetée dans le pays d'origine du propriétaire, s'être acquittée de tous les impôts exigés pour l'achat de cette voiture

· Le propriétaire ne peut pas avoir bénéficié d'un quelconque abattement fiscal lors de l'expédition de la voiture au Portugal

· Il faut être propriétaire du véhicule depuis au moins 6 mois avant le changement de sa résidence au Portugal

Les règles générales concernant l'exemption d'ISV

La demande d'exemption doit être présentée dans un délai maximum de 6 mois à compter de la date de transfert de votre résidence au Portugal, passez ce délai il n'est plus possible de demander l'exonération d'ISV.

Les bénéficiaires de l'exemption ne peuvent pas transférer la propriété de la voiture (ni à titre onéreux ni gratuit) dans les 5 ans qui suivent le changement d'immatriculation, sous peine de devoir restituer l'intégralité dudit impôt.

Si le bénéficiaire transfère la propriété du véhicule avant une période de 5 ans du changement d'immatriculation, vous devrez vous acquitter de façon proportionnelle de ISV.

ATTENTION : CHAQUE PERSONNE PEUT DEMANDER À ÊTRE EXEMPTÉE D'ISV SUR UNE SEULE VOITURE ET CELA UNE FOIS TOUS LES DIX ANS

Les démarches pour procéder à votre demande d'exonération d'ISV

Il est important de remplir les conditions d'exemptions de l'impôt sur les véhicules (ISV). Cet impôt peut effectivement être très élevé et atteindre un fort pourcentage du prix de votre véhicule. Le Portugal impose durement l'import de véhicules sur son territoire, il est donc préférable de vérifier si vous pouvez bénéficier de l'exemption avant de démarrer la procédure d'immatriculation de votre voiture.

Nous vous conseillons de vous rendre sur le site des finances portugais, qui propose un **simulateur de calcul de ISV.**

ATTENTION: DEPUIS 2020, LES DÉMARCHES AUPRÈS DES DOUANES DOIVENT OBLIGATOIREMENT ÊTRE RÉALISÉES DEPUIS LE PORTAIL DES FINANCES. LES SERVICES DES DOUANES NE RECEVAIENT PLUS AUCUNE PERSONNE DANS LEUR BUREAU. NOUS NE POUVONS QUE VOUS ENCOURAGER À PASSER PAR UN PRESTATAIRE SPÉCIALISÉ DANS LE TRANSFERT DE VÉHICULE.

NOTE 1: LIEN WEB POUR SIMULER ISV: HTTPS:// ADUANEIRO.PORTALDASFINANCAS.GOV.PT/JSP/MAIN.JSP? BODY=/IA/SIMULADORISV.JSP

Permis de conduire français au Portugal

Depuis le **19 janvier 2013**, les droits à conduire et le modèle du permis de conduire sont harmonisés au sein de toute l'Union européenne. De nouvelles catégories de permis de conduire sont créées, comme un permit AM pour conduire les deux-roues de moins de 50 cm3. Ce nouveau permis a été lancé pour répondre aux nouvelles normes européennes et permettre également de lutter de façon plus efficace contre la fraude au faux permis de conduire.

Concernant le renouvellement périodique du permis de conduire, la France a choisi une période de validité de 15 ans pour les catégories A et B. Les permis de conduire des catégories dites « lourdes » (C et D) ou soumises à un avis médical doivent être renouvelés tous les 5 ans.

C'est un simple renouvellement administratif, sans visite médicale ou examen pratique (à l'exception des situations particulières prévues par le Code de la route). Il permet de mettre à jour l'adresse de l'usager et sa photographie d'identité.

Concernant le permis de conduire rose (sans date de validité) celui-ci reste valable jusqu'au **19 janvier 2033**.

Échanger mon permis de conduire au Portugal

Permis avec date de validité

Si vous êtes détenteur d'un permis de conduire avec date de validité, vous pouvez conduire au Portugal avec votre permis de conduire jusqu'à son expiration.Cependant, vous devez enregistrer votre adresse au Portugal auprès des services IMT dans les 60 jours suivant votre installation au Portugal. Ce service est gratuit.

Comment enregistrer vos informations de résident:
• Remplissez le formulaire*
• Scanner les documents suivants:
  - Carte d'identité
  - Preuve de domiciliation au Portugal (facture EDP, attestation de mairie …)
  - Permis de conduire

- Envoyez le formulaire et tous les documents à **trocas.estrangeiras@imt-ip.pt**

Permis sans date de validité

Si vous êtes détenteur d'un permis de conduire sans date de validité, vous avez l'obligation de faire convertir votre permis au bout de 2 ans de résidence fiscale au Portugal. À défaut vous encourez une amende pouvant aller de 1500,00 € à 3000,00 € voire une sanction plus grave en cas d'accident responsable. Il serait dommage d'en arriver là, surtout que la procédure de changement de permis de conduire est relativement simple. Le médecin vous délivrera un document spécifique pour les services de IMT.

Comment procéder au changement de permis de conduire sans date de validité

- Remplissez le formulaire*
- Scanner les documents suivants:
  o Votre pièce d'identité
  o Votre certificat de résidence délivré par la Mairie, certificat de résidence délivré par SEF
  o Votre permis de conduire
  o Un certificat d'évaluation psychologique, si vous demandez le maintien des catégories de véhicules C, D et / ou E
- Envoyez le formulaire et les documents numérisés à trocas.estrangeiras@imt-ip.pt

Il n'est pas nécessaire d'envoyer une copie du certificat médical, car celui-ci doit être envoyé par le médecin par voie électronique.

Après l'envoi de la documentation, vous recevrez un e-mail demandant le paiement de la redevance de 30 euros et, le cas échéant, vous donnant des informations complémentaires sur la collecte de vos données biométriques.

*POUR TÉLÉCHARGER LE MODELO IL VOUS SUFFIT DE VOUS RENDRE SUR CE LIEN INTERNET: WWW.IMT-IP.PT/SITES/IMTT/ PORTUGUES/DOCUMENTS/ANO 2020/MICROSITE TROCAS TITULOS CONDUCAO ESTRANGEIROS/ MOD_37IMT_TROCASTESTE.PDF.

www.ingramcontent.com/pod-product-compliance
Lightning Source LLC
Chambersburg PA
CBHW070918220526
45467CB00004B/1464